Memorias de un Teniente Coronel

CARLOS MEDRANO

MEMORIAS

DE UN TENIENTE CORONEL

Esta transcripción la dedico a mi madre**, María Dolores Flores García,** a quien le puedo asegurar, su padre estará orgullosa de ella por la vida que ha llevado y quien al igual que él, luchó por sacar adelante a sus hijos. A mi padre, **José Miguel Medrano Rodríguez,** quien siempre admiró a mi abuelo y se sentó a su lado a escuchar en su vejez, su historia revolucionaria. A mis tíos, hermanos y primos.

A la maestra **Hilda Oralia Flores**, quien fue la primera en escribir estas palabras.

Agradezco a la maestra **Lidia Salazar Cerda** su ayuda en revisión y corrección

ANTECEDENTES

Luego de que el presidente Porfirio Díaz resultara electo para un nuevo período presidencial (1910-1914), el excandidato y líder liberal Francisco I. Madero lanzó el Plan de San Luis -fechado el 5 de octubre de 1910- para derrocarlo.

Su lema principal fue "Sufragio efectivo, no reelección", y reivindicaba derechos laborales y la repartición de tierras que buscaban grupos sociales contrarios a Díaz.

En su plan de acción estaba una convocatoria a la lucha armada: "El 20 de noviembre, desde las 6 de la tarde en adelante, todos los ciudadanos de la República tomarán las armas para arrojar del poder a las autoridades que actualmente nos gobiernan".

La lucha armada hizo surgir a otros líderes revolucionarios que acompañaron la causa de Francisco I. Madero, entre otros Emiliano Zapata en el sur del país, así como Francisco "Pancho" Villa (su nombre real era Doroteo Arango),Álvaro Obregón y Pascual Orozco en el norte.

La presión revolucionaria tuvo éxito y Porfirio Díaz firmó su renuncia a la presidencia el 25 de mayo de 1911, dando fin a 35 años de gobierno y abriendo paso a nuevas elecciones.

Francisco I. Madero ganó la votación y asumió la presidencia de México el 6 de noviembre de 1911 en la que es considerada "la primera elección democrática en 30 años".

Aunque el movimiento logró la remoción de Díaz, el nuevo gobierno no dio pronta respuesta a las demandas revolucionarias populares.

Pronto comenzaron las luchas entre los que fueran aliados al comienzo del levantamiento armado, pues cada bando se asumía como auténtico defensor de los ideales revolucionarios.

Zapata lanzó el Plan de Ayala bajo la bandera de la lucha agraria, mientras que Orozco publicó el Plan de la Empacadora sobre demandas sociales. Ambos desconocieron la presidencia de Madero.

El gobierno maderista logró defenderse durante dos años frente a los insurgentes zapatistas, orozquistas, y otros grupos más pequeños, con apoyo de las tropas de Villa.

Pero en febrero de 1913 se da la "decena trágica": 10 días de enfrentamientos en un golpe militar que llevó a la renuncia de Madero el 19 de febrero y su asesinato tres días después.

Victoriano Huerta, conspirador del golpe con el grupo llamado "los contrarrevolucionarios", asumió la presidencia ese mismo día.

Para combatir a Huerta, llamado "el usurpador", una reorganización de Fuerzas revolucionarias del norte llevó a la creación del Ejército Constitucionalista, al mando de Venustiano Carranza.

Con el Plan de Guadalupe, enfocó la lucha revolucionaria contra Huerta hasta lograr que el presidente golpista deje el poder en julio de 1914 y Carranza asuma el gobierno.

La Convención de Aguascalientes entre líderes revolucionarios llevó al desconocimiento de Carranza como presidente, por lo que nuevamente se abren dos grandes bandos: los convencionistas y los constitucionalistas.

Carranza, quien se hace llamar "líder máximo de la revolución", traslada su gobierno a Veracruz, mientras que los convencionistas nombran a Eulalio Gómez como presidente.
A partir de entonces vino una guerra de guerrillas.

Las luchas armadas entre los bandos, en las que se da el grueso de las muertes -calculadas en más de un millón-, se prologaron desde octubre de 1914 hasta noviembre de 1916.

En ese mes, el gobierno y ejército de los convencionistas declaran su fin, aunque fuerzas zapatistas y villistas disminuidas siguieron sus luchas durante meses.

La balanza finalmente se inclina hacia las fuerzas de Carranza, quien desde septiembre de 1916 convocó un Congreso Constituyente para redactar una nueva Carta Magna del país.

Los constituyentes, electos por votación popular a finales de ese año, trabajaron en un plan de reunificación de las causas revolucionarias hasta comienzos de 1917.

Luego de ser votada el 31 de enero, la nueva Constitución es promulgada el 5 de febrero de 1917, marcando lo que se considera el fin de la Revolución Mexicana.

Pero la lucha violenta por el poder no terminó ahí, pues las fricciones entre bandos desembocó en el asesinato de los líderes revolucionarios: Zapata (1919), Carranza (1920), Villa (1923) y Obregón (1928), entre otros.

Fuente: BBC News Mundo/"Cronología de la Revolución", del INEHRM.

PRÓLOGO

Las siguientes líneas son palabras de mi abuelo, escritas en marzo de 1961. Rescatadas de las pocas ya visibles hojas en que fueron plasmadas y que con el paso del tiempo se han deteriorado; hojas olvidadas en una vieja carpeta que esperaron pacientes a resurgir y contarle a su descendencia su lucha por nuestra Patria.

Han pasado más de 50 años cuando se sentó frente a una máquina para escribirla para sus hijos y 100 años de esa Revolución en la que participó.

Nunca crucé mirada o palabra con mi abuelo; la vida no lo quiso así; pero las palabras a sus hijos en la narración de su vida, me han permitido, verle, apreciarle y admirarle.

¡GRACIAS POR SUS PALABRAS,

TENIENTE CORONEL

MANUEL FLORES SOLÍS!

Manuel Flores Solís

CARTA A MIS HIJOS

Después de una vida tormentosa, rica en inquietudes, semejando el legendario "Canto del Cisne", me propongo mal pergeñar estas líneas que constituyen mis memorias, las cuales dedico exclusivamente a mis hijos para que les sirvan como faro que les señale el puerto de la felicidad y sobre todo del deber, aunque en muchas ocasiones no se compadece con ella.

"NOBLEZA OBLIGA", reza un viejo refrán… así, mis memorias, espero que sean leídas con interés, ya que llevan en sí, LA NOBLE IDEA de que les sirvan de ejemplo, pues al morir, me llevo la convicción de que en mi largo y penoso peregrinaje por este mundo, siempre procuré cumplir con mis deberes de buen ciudadano, buen hijo, buen esposo y mejor padre, todo lo cual deseo en ustedes.

Como soldado de la Revolución Mexicana a la que di mi juventud, a la que sacrifiqué el acogedor seno de mi familia; esa revolución que me costó también sangre, pues en ella perdí mi pierna derecha; esa revolución que costó a mi familia lágrimas e inquietudes mil, puedo asegurarles que sin faltar a mis deberes militares, siempre procuré ajustarme a las más elementales reglas de humanidad, a la más estricta ética de la guerra en la que los vecinos siempre fueron para mí sagrados; NO RECUERDO NUNCA HABERME ENSAÑADO EN LOS QUE CAÍAN. Esta circunstancia me hace vivir hoy una vida sin remordimientos ni temores; en este ángulo de mi vida estoy absolutamente conciliado con mi conciencia.

Los gobiernos revolucionarios, hijos míos, no han sabido recompensarme, ni a mí, ni a ningún otro revolucionario honrado que yo sepa; sin embargo, no reniego de ello porque aunque muy joven, casi niño, fui a la Revolución por convicción más que por interés y con solo anhelo de legar a ustedes un nombre limpio, sin mácula, del cual puedan enorgullecerse y a mi pueblo, una Patria libre, respetada y grande, tal como hoy la vemos en franca marcha al progreso y a la riqueza que constituyen la verdadera libertad de los hombres, como de los pueblos.

Ojalá que ustedes, las nuevas generaciones, sepan también cumplir con su deber y logren elevar más a nuestro querido México, al plano que le corresponde en el concierto de las naciones civilizadas.

H. Matamoros, Tam., marzo 15 de 1961.

MANUEL FLORES SOLÍS.

CAPÍTULO I

Viejo Revolucionario

Este viejo revolucionario, netamente Coahuilense, nació en la Villa de Progreso, Coahuila en el año de 1888, siendo sus padres el señor Melesio Flores Tijerina, de Lampazos, Nuevo León, y su madre, Francisca Solís, de Candela, Coahuila.

Cuando yo tuve luz de conocimiento, me di cuenta que mi padre era comerciante ambulante. Yo siendo de la edad de 7 a 8 años, seguido lo acompañaba a sus viajes que regularmente hacía al Mineral de San Felipe, Coahuila., en donde siempre parábamos en la casa del señor Don Emilio Rube; dicho señor también tenía un hijo, más o menos de mi edad que también se llamaba Emilio.

Al rodar el tiempo, mi padre se hizo íntimo amigo de Don Emilio, y yo de su hijo, del mismo nombre. Como nuestros viajes eran más o menos cada mes, tanto mi padre como yo, íbamos teniendo cada día nuevas amistades; mi padre con los hombres grandes y yo con los chicos, más o menos de mi edad. Nunca me imaginaba que con el tiempo iríamos a ser compañeros de aventuras revolucionarias.

De los amigos que yo traté muy cerca en el pueblo de Las Colonias, el primero e íntimo amigo fue Emilio Rube chico, Flavio Ortiz, Fortunato Maycotte, Encarnación Zamora, y los hermanos Valadeces, éstos, del tiro número dos del mismo pueblo de San Felipe; Conocí también a Memo, o sea

Guillermo, gran amigo, cuyo apellido no recuerdo, a Margil Cadena, a Benecio López Padilla y a Fructuoso Urdiales.

De los amigos de mi padre también conocí a Don Emilio Rube, Juan Hernández García, Antonio Martínez (El Prieto) y Abelino Guedea. Nosotros, los chamacos, los veíamos que se

reunían, pero no sabíamos para qué. Varias veces íbamos a llamarlos pero sin saber de lo que se trataba. Así pasó el tiempo; mi padre se cambió de Progreso para Las Colonias, pero las juntas continuaban celebrándose y él asistiendo.

Yo me daba cuenta, porque me tocaba llamarlos cada vez que los necesitaban. Ya para entonces, yo trabajaba limpiando carbón en los carros del ferrocarril, ganando cincuenta centavos diarios, con los que ayudaba a mi padre en los gastos de la familia. Pasó el tiempo y aquí cabe un adagio que dice: "Tanto va el cántaro al agua hasta que se quiebra" y así pasó con aquellos hombres de las juntas en que estaba metido mi padre.

Un día de tantos les cayó tierra como dice el dicho y todos se dispersaron; Don Emilio Rube se pasó a los Estados Unidos., mi padre en las Minas del Menor y Emilio chico y yo, nos fuimos con mi tío Luis, a las minas de Saltillo que apenas estaban empezando a romper, frente a la Estación de Barroterán. Como Emilio estaba conmigo, hasta entonces supe que nuestros padres eran **MAGONISTAS**, igual que los demás compañeros que nosotros llamábamos cada vez que ellos tenían sus juntas.

***MAGONISMO:** es un término usado por historiadores para identificar una corriente de pensamiento y acción precursora de la Revolución mexicana (1910), en su tiempo representada por el Partido Liberal Mexicano (PLM) influído fuertemente por las ideas anarquistas de los hermanos Enrique y Ricardo Flores Magón, junto con otros colaboradores de El Periódico Regeneración como Librado Rivera, Anselmo L. Figueroa y Praxedis G. Guerrero. Los Magonistas como fuerza revolucionaria aspiraron a abolir el poder, no a ejercerlo; su objetivo era la auto emancipación y el autogobierno.

Emilio, después de un mes y días de estar conmigo en Saltillo, se fue a las minas para saber qué había pasado con sus hermanas, porque las había dejado solas. No nos volvimos a ver hasta que ya andaba con las armas en la mano. Yo después de que se separó Emilio de mí, ya no volví a saber nada de nadie. A los cuantos meses se paró el trabajo en Saltillo y nos trasladamos a las Minas del Menor y nos pusimos a trabajar, encontrándonos ahí a Maycotte, trabajando de *malacatero*.

***MALACATERO: Es el hombre encargado de operar el elevador, calesa o canasta en el que se suben los mineros para bajar y subir por el tiro al interior de la mina. Cómo se usa un malacate (poleas y cables tiradas por un motor, tal como en los elevadores convencionales) para operar el elevador, entonces se le conoce como malacatero.**

Un día fui a Rosita, me encontré a Juan Hernández García, platicamos mucho de los tiempos pasados y me dijo, que él había formado parte de la Unión Minera Mexicana y que en caso dado, él se iría con todos sus muchachos. (Yo quedé en volver, como así fue).

Ya para despedirme, me dijo:

-Aquí está también Abelino.

A lo que contesté.

-Ya sé todo lo de ustedes.

Diciéndome:

- Pues si sabes, cállate porque está de por medio el pellejo y dile a tu padre que no pierda el contacto con nosotros.

Yo me regresé al Menor y le platiqué todo a mi padre y contestó; si quieres irte, vete tú, ya después iremos nosotros y tenme al tanto de lo que haya y sepa Juan.

A los cuantos días ya estaba yo en ***Rosita**. En el **Barrio de la Purísima** vivía una hermana mía, Evangelina; me hospedé en su casa, después empecé a trabajar en el tiro número uno, de malacatero, o sea en el cable, poco después me encontré a Benecio López, que hacía como ocho años que no nos veíamos y me presentó a su hermano Ramón.

***"La Rosita" nació en terrenos al poniente de la hoy ciudad en 1903 y para 1924, nace la Nueva Rosita con la apertura del tiro 6. Tras la firma del primer contrato para la explotación del subsuelo, don Blas**

Pérez Mendoza y los miembros de la familia Madero, encabezada por don Evaristo, abuelo de don Francisco, se abrió el primer tiro que dio empleo a 200 jefes de familia.

Las tierras propiedad de Don Blas abarcaban desde la hacienda de San Juan hasta la hacienda de San José Cloete y el municipio de Sabinas, donde estaba la Hacienda de Eduviges. Don Blas, originario de la Hacienda de Rosales, firmó el segundo contrato de explotación de carbón con la familia Madero, después de la inundación de la mina 1. La número 2 quedó ubicada junto al Barrio La Purísima, explotada por la Compañía del señor Madero cuya razón social era Compañía Carbonífera de Sabinas, S. A.

Al ser asesinado Madero en 1911, la vida tranquila del mineral se volvió violenta y la mina fue dinamitada intencionalmente por simpatizantes de Victoriano Huerta, marcando el fin de la familia Madero en la región.

Don Blas Pérez Mendoza apareció asesinado en San Antonio, Texas y apareció como propietaria de sus ricas tierras carboníferas la American Smelting and Refining Co. Conocida por sus siglas de ASARCO. En las minas a la orilla del arroyo La Rosita se hicieron 5 tiros y ya se habían creado los Barrios de La Purísima y del 5, además de La Rosita que era el centro de la pequeña población.

En 1913, la población aumentó y se formaron los Barrios de Zaragoza, La Puerta, San Felipito, Juárez y la Colonia Pérez, en honor de don Blas Pérez por acuerdo de los colonos. Al abrir las minas 4 y 5 se crearon los Barrios El Cuatro y El Cinco.

En 1915 el mineral La Rosita tenía veinte mil habitantes, tenían cinco escuelas primarias, la primera en el Barrio Zaragoza y atendía a las comunidades de los Barrios de La Purísima y La Rosita. Las otras, de Juárez, Del 5 y San Felipito y en la Colonia Pérez.

Así pasaba el tiempo y los acontecimientos; nosotros continuábamos trabajando, viéndonos seguido; En el Barrio de la Purísima vivía un muchacho al que le decíamos el Tejano, y quien respondía al nombre de Anastasio Bielmas y nosotros le decíamos "Tacho". En las noches nos poníamos a platicar principalmente cuando hacía bonita luna.

Un día estábamos solos. En estas condiciones nos encontrábamos Bielmas y yo; de pronto me dijo:

- Oye Güero, si eres tan pantera como dicen los muchachos voy a que no nos vamos a la bola?

-Y le contesté-

-Pero ¿Cómo? ¿Con quién…?

-Pues con José María y otro que le dicen El Borrado.

-¿Y dónde vemos a esos?

-El sábado iremos con ellos.

En eso llegaron Ramoncito y Conrado, y cambiamos de plática.

Esto pasó un día martes, y hasta el día viernes volvimos a tocar el punto que habíamos dejado pendiente; y me dice ese día:

-Que dices Güero, vamos mañana a dónde te dije?

Por toda contestación le respondí:

-¡Sí hombre, cómo no!

Al hacerme esta pregunta ya estaba presente a parte de Ramón y Conrado, Alberto Facio, quienes se quedaron sin entender de lo que se hablaba.

El sábado como a las seis de la tarde, fue Bielmas a la casa y me pregunta.

-¿Estás listo?

-¡Sí hombre!

-¡Pues mientras se llega la hora vamos a echarnos unos mezcalitos de a diez¡

Estando en los tragos le dije:

-¿Oye Tacho, me aceptarán?

Y contesta:

-Sí hombre, ya les dije y además te conocen.

Entonces yo le respondí:

-Pues llevaremos a Ramoncito Y Conrado.

Y contesta:

-No, ellos no, porque están muy mocosos y esto es cosa seria.

Seguimos los tragos muy platicados y en esos momentos llegó Severo Puente, quien tenía una jardinera de sitio con muy buenos caballos y nos invitó a dar una vuelta, Tacho le contestó que más al rato. Entre copa y copa se llegaron las diez, nos echamos la última y salimos. En el camino íbamos platicando y le dije a Bielmas.

-A este José de los Santos yo lo conozco, pero al Borrado no.

-Pero ellos sí te conocen a ti.

Me contesta.

Yo esperaba que fuéramos a una casa, pero no fue así; cogimos todos los rieles hasta llegar a un puente que estaba entre el tiro cinco y seis de ese mineral; Despúes de mucho caminar, llegamos a dicho puente entre las diez y las once de la noche. Estaban allí como diez o quince hombres, ya macizos, a quienes por la obscuridad no pude reconocer.

Bielmas me presentó con el señor de los Santos, yo le di mi nombre y me dijo: Tenemos mucho gusto que esté con nosotros, porque ya teníamos antecedentes suyos, ya el compañero Bielmas lo pondrá al tanto de como sigan las cosas y lo que tenemos por delante.

Desde esa noche yo quedé comprometido con ellos para presentarme a la hora que me llamasen, empezando a salir de dicho lugar de a tres, de a cuatro, con la consigna de que sí nos encontraba la "chota", les dijéramos que veníamos del seis.

Esa noche nos fuimos a dormir muy contentos y tranquilos, tramando la mentira que les diríamos a los muchachos al otro día que los viéramos. Pasó esa semana y ya no hubo junta, porque no había novedades que platicarnos.

Yo andaba con la purguita de Juan y de Abelino, que no me decían nada para comunicar a mi padre; La siguiente semana recibí carta de él, diciéndome:

"Hijo, se me había pasado decirte que si tienes algo que comunicarme de quien tú ya sabes, no me escribas, mejor haz por venir tú, para que platiques lo que sepas con ese motivo".

Una noche salí a la casa de Juan Hernández García y le platiqué que yo iba a ver a mi padre, y que si no tenía algo para él, que con toda confianza me dijera; Me contestó que lo saludara de su parte y que le dijera que todo estaba en paz y que no tenía nada nuevo que platicarle.

Al siguiente día pasé a ver a Abelino, y me dijo que por su parte ya había terminado todo; Con esto, me di cuenta que el "Magonismo" había terminado, pero yo, ya andaba por el otro lado y consideraba que a mi padre le iba a gustar mucho, porque siendo muy liberal, seguramente le agradaría el paso que yo había pensado dar, como así fue.

El viernes de esa semana, hablé a Bielmas y, le platiqué que el sábado salía para el menor, a ver a mi padre y que si había junta me representara, y que el domingo que yo viniera, me platicara lo que hubiera nuevo.

Yo y Severo, hicimos el viaje el sábado, y llegamos al menor como entre las seis y siete de la noche, mientras Severo daba agua y pastaba a los caballos, yo y mi padre platicamos los asuntos más interesantes, y me dijo:

"Parece que ya mi compromiso está por terminar, pero el tuyo está principiando y te felicito en que hayas tomado esta determinación, ya que diste tu palabra a esos hombres, debes cumplirla, recuerda que el hombre por su palabra vale, y si te llaman desde ese momento, no tendrás más padre ni madre que la Patria, y te irás a defenderla y Dios que te ayude y te proteja".

En esos momentos entró Severo el cochero, y luego nos llamaron a cenar, al acabar la cena, dice el cochero dirigiéndose a mí:

-¿A qué hora nos vamos?

Luego dice mi padre.

-Duerman aquí y mañana se van muy temprano, tengo un catrecito de lona… ¿Dónde quiere que se lo tiendan?

-Mire, se lo voy a dar, para que lo ponga donde usted guste.

Dijo mi padre.

Severo se acostó afuera en un patio para estar al pendiente de los caballos y a nosotros nos convino, para seguir platicando. Nomás se silenciaron todos, me dice mi padre:

"Mira hijo, este asunto de Madero que tú me platicas está muy bonito, ese señor tiene mucho partido y si no consigue satisfacer sus deseos, es probable que tome las armas, y si esto pasa, no nos queda más remedio que luchar. Hay que sacar de la esclavitud a este pueblo, ya no es posible aguantar tantas vejaciones y explotaciones de propios y extraños. Yo ya estoy viejo, pero tú estás joven, y debes luchar para que nuestros hijos disfruten de otra vida mejor, yo por mi parte no quitaré el dedo del renglón, y espero que tú no manches el apellido de tu padre. Mañana que te vayas, me saludas a Juan y Abelino, y diles que yo estoy en lo dicho, a la hora que se ofrezca"

Nos acostamos como a la una de la mañana, yo tenía que salir muy temprano, porque debería de estar en Rosita a las nueve de la mañana. Esa noche no pude dormir, las palabras de mi padre me habían impresionado de tal modo, que era punto menos que imposible poder conciliar el sueño; mi mente había ido más lejos de mí para poder mantener mi habitual serenidad.

A las cinco de la mañana me habló el cochero y me dice:

-"Hay que salir temprano, por el compromiso que tengo contigo, debemos estar en Rosita a las nueve"

Ya mi padre y mi madre estaban levantados, tomamos unas tazas de café, y me dio mi padre nueve pesos y un abrazo, y otro mi mamá. En esos momentos salimos, y para la hora indicada ya estábamos de regreso en Rosita.

Tan pronto llegamos, me acosté a dormir un rato, me levanté como a las cuatro de la tarde, comí y me salí a buscar a Bielmas,, no faltó quien me dijera que estaba en casa de Rita (esto era una cantina que nosotros frecuentábamos, y que estaba a la orilla del río, por el camino que sale para San Juan de Sabinas); Tomé una jardinera de sitio y le dije al cochero, lléveme a la cantina de Rita, luego se arrancó, y a los quince minutos, ya estábamos con él montado tejano, quien me dice:

-¿Qué pasó Güero?

-¿Tan pronto viniste?

-No te vas a morir nunca, porque hace unos momentos nos estábamos refiriendo a tus huesos.

Yo me di cuenta que se les había pasado los tragos y previniendo que fueran a desembuchar algo, traté de llevármelos.

Pregunté a Rita, dueña del establecimiento:

-¿Cuánto deben estos amigos?

Y me contestó.

-Nada Güero; tú sabes que en esta casa se acostumbra que peso en mano y chivo fuera -

-Bueno, pues ya me los voy a llevar -

Ese domingo nos acostamos muy temprano y el lunes al trabajo; En la tarde que salimos, nos juntamos como siempre lo hacíamos. Nomás lo vi, le dije:

-¿Qué tal de cruda Tacho?

--Así nomás, pero si tú quieres nos la vamos a curar.

-No, qué curar ni que nada, lo que quiero es que me platiques algo de lo que trataron el sábado que falté.

--Pues sabes que de cierto no saben nada, pero dicen que se rumora que Madero pasó y va para los Estados Unidos, y creen que al regreso reciban algunas instrucciones.

-¿Y qué más?

--Pues lo demás fue pura plática entre nosotros, pero dijo José, que ya nos avisarían.

Entonces le dije:

-Pues está triste la cosa pero hay se va.

Pasaron días y hasta meses, y como yo estaba autorizado por mi padre para esas cosas; ya se me hacía tarde.

Al siguiente sábado supimos que, tanto José, como el Borrado, pensaban salir para San Antonio Texas, y según ellos verían a Madero, yo presentía algo mal, pues se ausentaban los dos que la hacían de jefes. A los cuantos días, me dijo Tacho:

-Se me ha puesto que mientras vienen los jefes, yo voy al Roquedal, ahí estaban mis familiares, y quiero ver si les quito algunos dólares, y cuándo regrese, a ver que me tienes de nuevo.

Como se fueron los jefes y enseguida también Bielmas, yo me quedé solo. Pasaron los días, y un día me dice Conrado:

-El sábado hay un baile en el tres, ¿no vamos?

--Si vamos, contesté.

El día que me invitaba era viernes, el sábado en la tarde nos pagaron y en la noche nos fuimos al baile. Yo era enemigo de las injusticias, y aquí se presentó una de ellas; dicho baile estaba en el patio, rodeado de bancos y sillas de tule, entre los asistentes andaba un muchacho que respondía al nombre de Margarito Montoya, quien andaba un poco tomado.

Tocó la música, y todos los muchachos salieron a nombrar su pareja, y también el borrachito, pero como ya se iba bambaleando, vino un policía a sentarlo, al ver que la señorita, su compañera, lo defendía, intervine y le dije al policía:

-Deje que baile, si la señorita quiere, no tiene por qué oponerse.

El policía, quiso aventar a la muchacha, y entonces yo agarré una silla y lo eché al suelo, se vino el otro policía que lo acompañaba, y lo agarraron los demás bailadores. Yo me salí y agarré el monte, me tiraron varios tiros, pero yo no me paré, me fui a buscar a Severo para que me llevará a Paláu. Lo encontré y le platiqué todo lo que había pasado, y le recomendé que no dijera dónde estaba. Me llevó a su casa y me dijo:

-Como a las cuatro nos vemos, porque tengo unos compromisos pendientes, y cuando venga por ti te diré como anda la marca. A las meras cuatro llegó por mí, y me dice:

-Anda el asunto muy caliente contra ti, te andan buscando como cabeza tatemada. A mí me preguntaron, y les dije, que temprano te había visto en el baile, y ya éste se había acabado, y que ahí supe todo lo que había pasado, pero que yo no te había vuelto a ver, lo cierto es que andaban los policías bien bravos contra ti. Lo mejor es que nos vayamos y en otra vuelta que dé a Paláu te traigo la ropa.

Salimos como a las cuatro y minutos, y para las siete ya estábamos en el Menor., le pagué su viaje y le recomendé que a nadie le dijera dónde estaba. Amanecí el domingo con mi padre, platicamos un rato y en la tarde salí a la calle para ver qué amigos encontraba. Y como de antemano sabía que Maycotte vivía en la Cuchilla, pasé a verlo, y en su casa me dieron razón que había salido con Pancho, El Chino, y que era probable que estuvieran en los billares.

Me fui a los billares y ahí estaban; no le hablé porque lo acompañaban otros dos señores que yo no conocía. Pero él me vio y vino a saludarme y me dice:

-¿Qué pasa Güero, dónde estabas?

--Estaba en Rosita.

-Vente, te voy a presentar a unos amigos.

Nos dirigimos a la mesa, se levantaron sus compañeros y me dicen:

-Yo soy Pancho

--Y yo soy Exiquio.

Y dice Maycotte:

-"Este es el mentado Chato"

Seguimos platicando y me dice:

-¿Tú en que trabajas en Rosita?

Le contesté que en el cable. Entonces dice el chino:

-Si tú quieres trabajar, yo tengo trabajo para ti.

Contestándole yo, que otro día le resolvía. Le pregunté que cuanto pagaban, y me dice $75.00 mes corrido. Luego me dice Maycotte: "este Chino es el minero de noche en tiro uno y yo trabajo en el malacate, así es que si te animas, vamos a estar de compañeros".- Pues mañana les resuelvo.

Ya se estaba haciendo tarde y les dije:

-Yo me retiro

Y me dice El Chino:

-Mañana te espero.

Yo le contesté, que por ahí nos veríamos; Me despedí de ellos y me pasé a platicarle a mi padre que ya había conseguido trabajo. Y me dice mi padre:

-¿Y lo que tenías pendiente en Rosita?

--Los jefes salieron a San Antonio y quedaron de avisarnos su regreso.

-Pues si quieres trabajar unos días puedes hacerlo.

Otro día en la tarde que me arrimé al Tiro Uno para observar cómo trabajaban, me di cuenta que el trabajo era fácil y sin ningún peligro. En eso estaba cuando llega Pancho, o sea El "Chino", y me dice:

-¿Qué pasó güero, vienes a trabajar?

--No, vendré hasta mañana, hoy nada más vine a ver como trabajaban y hoy me compraré un pantalón y una blusa, y mañana me presentaré al trabajo.

-Pues desde hoy ganas y te espero mañana y traes lonche.

Estuve un rato viendo como trabajaba el pueblo de día, y le platiqué a mi padre que ya iba a trabajar otro día y que como mi ropa estaba en Rosita, tenía que comprar un pantalón y una blusa y me dijo, deja los centavos para otra cosa y vamos con Doña Isabel para que los saques y me los carguen a mi cuenta. Nos fuimos a la tienda, sacamos un pantalón, una blusa y una cachucha; para el día siguiente iba estrenando…

Me presenté todo vestido de azul, y como no me conocía nadie, nomás El Chino Pancho, todos se quedaron mirándome y nadie se arrimaba, pero sí volteaban para donde yo estaba recargado en un poste.

En esos momentos llega Pancho, se encamina y detiene donde yo estaba, me saluda de mano y me dice:

-Venía temiendo que no vinieras.

--Ya estoy aquí, a ver si damos el kilo.

Estuve esperando como veinte minutos; yo veía cerca de mí a otros muchachos de quienes se suponía uno de ellos iría a ser mi compañero. En seguida sonaron las seis, llega Pancho y me dice:

-"Hay que llevar diez carros al Cinco Norte", y le dice a Chano: "Manuel, es mecatero", tu compañero, y Rómulo arregla los viajes.

Conocedor del trabajo, mis compañeros se mostraron muy amigos, y ya para la media hora éramos íntimos, me dijeron como trabajaban y yo les platiqué como trabajaba en Rosita; esa noche trabajamos a su modo, pero la siguiente, yo trabajé a mi manera, que también les gustó y seguimos muy íntimos los tres. Chano me platicó que su hermano era comandante de Paláu y que me podía ayudar en algo; yo le dije que ya tendría el gusto de conocerlo.

CAPÍTULO II

El movimiento de 1910

A Lorca, Nacho San Miguel, Rómulo Barrera, El Chato Exiquio, El Timboloche, Manuel W.González, José Solís, Rodolfo Castellanos, Ernesto Castellanos, El Prieto Leno y a muchos que no recuerdo sus nombres, y que también fueron a sacrificar sus primeros años de su vida por la transformación social que ahora disfrutamos.

Vino el movimiento de 1910 y por haber perdido el contacto con los jefes, con quienes estuve yo comprometido, me quedé sin saber qué medidas tomar; pensaba yo incorporarme con la primera partida que resultara por la región, cuando se firmó la paz y triunfó el Señor .Madero.

Yo quedé triste, desilusionado, temiendo que me vieran mis compañeros con los cuales estaba yo comprometido; recordaba las palabras que me había dicho mi padre, más pena me daba y no sabía como haría para incorporarme con ellos.

Pasaron los días y los meses, y yo estaba esperando un pretexto para incorporarme, cuando en esos días empezaron a llegar los que se habían levantado, diciendo que ya se había acabado todo y que a ellos, les habían dado $25.00 Pesos y el caballo, para que se vinieran a sus casas, que Don Porfirio Díaz, había renunciado y que Madero se había quedado con todas las fuerzas Federales y que por lo tanto ya no los necesitaban, que los habían mandado a sus hogares con un salvo conducto, para que no los molestaran.

Y yo como no tenía experiencia me pareció bien y le platiqué a mi padre todo lo que había sabido, mi padre se sorprendió y me dijo:

-¡Qué barbaridad…! Debía haber corrido a todos los pelones y quedarse con los que le ayudaron, porque si no acaba, de seguro y puede pasarle algo malo, en fin, ya veremos más adelante.

Yo como quiera me sentía avergonzado por no haber sido de los primeros, siendo que ya estaba comprometido con ellos, pero a los cuantos días o meses, se comenzó a rumorar que Orozco, había desconocido a Madero y los de Monclova estaban reclutando a gente voluntaria.

Sin pérdida de tiempo yo me traslado a Rosita para ver si había venido Bielmas del Roquedal, pero al no encontrarlo esa noche con Conrado y Ramoncito López, hermano del hoy General Benancio López Padilla; les traté lo que yo tenía pensado y les dije, "Lástima que ustedes están muy pollitos para que nos fuéramos los tres". Y dice Ramoncito: "Ya nos ves pollitos, pero si tú quieres, nos vamos", aprobándolo Conrado.

Entonces les dije, mañana es sábado, en la tarde les pagan y el domingo nos vamos, yo pago el pasaje. Y dicen los muchachos:

-¿Dónde nos vemos?

--En la Estación; si no se presentan, yo como quiera me voy; no lleven maleta, se empalman dos pantalones y dos camisas y haber quien se raja.

Yo no creía que los muchachos me cumplieran, pero yo estaba resuelto a llevar adelante, las recomendaciones de mi padre, de no manchar su apellido. Amaneció el sábado, después del almuerzo me puse a escribirle a mi padre, diciéndole: "Hoy salgo a cumplir con mi palabra como le he prometido; si Dios quiere que vuelva, ya tendré el gusto de darle un abrazo; y de esto no le diga nada a mi mamá, ya le escribiré de donde me encuentre, adiós".

Me pasé al correo, luego me dirigí a la Estación para informarme a qué hora salía el tren para Sabinas, me encontré con un amigo y me dijo: "Sale a las cuatro en punto, todos los días", me regresé a la casa y le avisé a mi hermana, mañana salgo a Paláu. Ese domingo salimos a las meras cuatro, ya para las cinco y minutos, estaba en Sabinas. En eso llega el tren de Piedras Negras y desde luego lo abordamos y para las siete estábamos en la Estación de Monclova y ahí nos quedamos.

Nos pusimos a recorrer el pueblo, sin saber dónde íbamos a pasar la noche; como a las nueve nos arrimamos a una fonda a cenar. Al terminar la cena le pregunté al mesero:

-¿Dónde hay un hotel?

--Ahí enfrente.

Le di las gracias y nos pasamos a preparar el cuarto, diciéndole al encargado:

-Queremos dar una vuelta, hasta qué hora está abierto?

--Toda la noche y tienen derecho hasta mañana a las doce.

Salimos a andar cantina por cantina, al rato nos fuimos a dormir, pero antes nos echamos un café con tamales.

En el cuarto había dos camas, yo me acosté en una y los muchachos en la otra. Al otro día nos levantamos como a las ocho de la mañana. Después de almorzar, tomamos un tranvía para Monclova. Pasamos una alameda, llegamos a una placita donde había un cuartel, nos sentamos en una glorieta que estaba en frente de la guardia, luego me arrimé a la guardia y pregunté por el jefe y me dijeron que no había llegado, pero como a los quince minutos llegó.

Hablé con él, diciéndole que nos queríamos dar de alta y me dice:

-¿De dónde vienen ustedes?

--De Rosita.

Contesté. Le habló a un oficial y le dice:

-Mira Veneno, dile a Calvillo que los incorpore a su escuadrón, que les dé su chivo y que se vayan a pasear hasta las cinco, porque a las seis hay que pasar lista de presente.

El Veneno nos llevó con Calvillo, apuntó nuestros nombres, nos dio un peso a cada uno y nos dice:

-Pueden irse a pasear, pero antes de las seis, deben estar a pasar lista.

Salimos muy contentos, anduvimos todo el pueblo y como a las doce nos venimos a descansar a la plaza. Como a las dos de la tarde, pasamos a una fonda a comer y al terminar le preguntamos a la señora:

-¿Cuánto le debemos?

--setenta y cinco centavos por los tres.

Todos nos matábamos por pagar, y dice Ramón:

-No se apuren, yo pago hoy, en la tarde otro, y así nos vamos.

Arreglado, dice Conrado.

-¿A dónde vamos pues?

--Nos iremos arrimando y nos sentamos en donde estábamos en la mañana.

Agarramos la calle y llegamos al punto indicado, ya teníamos como media hora platicando, cuando pasa un muchacho grandote y dice:

-Hola Güero, ¿Qué haces aquí? ¿No me conoces?

--Sí te conozco, pero no recuerdo cómo te llamas.

-Pues soy Chon Barrera, del Menor

--¡Ah! si recuerdo, pues como tú te fuiste a Paláu ya no nos volvimos a ver.

-¡Es verdad!

-¿Y ahora qué haces aquí?

--Pues me vine a incorporar.

-Nosotros también, ya estamos apuntados.

-¿Con quién?

-Con un señor Calvillo.

--¡Ah! Pues es un buen muchacho… ¿Cuándo fue eso?

-Ahora en la mañana.

--Qué bueno, vamos a estar de compañeros.

En eso nos llaman y nos dicen, les vamos a dar sus monturas, una cobija y mañana vienen los caballos y las carabinas para que se vayan enseñando a manejarlas. En eso se llegaron las seis, pasamos lista y nos dice el Sargento:

-Van a salir a cenar, pero antes de las nueve deben estar todos presentes.

Rompimos filas y a la calle, muy contentos, pasamos a cenar, en dicha cena nos hicimos de otro amigo del grupo y nos platica que el Capitán de nosotros era muy buena gente, que los dejaba jugar a la baraja hasta ya muy noche, pero que le gustaba echar muchos prestados que nunca pagaba; así es que "pónganse abusados".

Esa noche nos acostamos. A las nueve tocaron silencio y a dormir todos. Como en el día habíamos andado mucho, estábamos un poco cansados y nos quedamos dormidos.

Al otro día muy temprano tocaron levante con el clarín, pero como no sabíamos de los toques nos quedamos acostados hasta que vino un Cabo y me dice:

-Arriba, a pasar lista.

Nos levantamos corriendo, envolvimos las cobijas y nos fuimos al patio a formar. Luego vino un Federal que daba instrucciones y nos echa un grito: "A formar por estatura", como no sabíamos que era eso, vino el Federal y nos acomodó. Pasamos lista y luego nos sacaron a marchar; Marchamos hasta las ocho, nos llevaron al cuartel, nos dieron el chivo y al almuerzo.

Esto de la instrucción siguió todos los días y mientras tanto, íbamos teniendo amigos de diario. Un día me encontré a Braulio Aguilar, que ya nos conocíamos desde Rosita. Poco a poco fui conociendo más amigos; por lo pronto conocí al Veneno, muy querido de todos, al Capitán Calvillo, Chon Barrera, Federico Silva, Leandro Moya, Jacinto Osuna, a Manuel W. González, y a muchos otros que ya no recuerdo sus nombres.

Como al mes, más o menos mandaron a Ramón con otra gente y nos quedamos Conrado y yo, pero ya con muchos amigos, ya sé rumoraba que venían los Orozquistas por Sierra Mojada y teníamos que ir a encontrarlos. Salieron algunas caballerías y como los caballos nuestros no habían llegado, salimos de infantería hasta el Puerto del Carmen.

Al otro día cuando llegamos al Puerto ya supimos que habían rechazado a los nuestros en DEVISADEROS. Nos bajamos del tren en El Molino y de ahí nos llevaron al puerto de infantería. Ya para entrar estaba llegando la gente que venía de derrota y todos los mandaban al carro. Con los primeros que llegaron supimos que habían matado a Chon Barrera.

Toda la tarde y en la noche, estuvieron llegando los derrotados, y nosotros como estábamos en la mera entrada del Puerto, nos dábamos cuenta de todo el que llegaba, y algunos se quedaban un rato platicándonos del combate que habían tenido, y así estuvieron toda la noche.

Al amanecer nos dimos cuenta que todo el Puerto estaba lleno de gente a derecha e izquierda; seguían subiendo por todas partes, ya muy tarde pasó un tren que venía de retaguardia de la fuerza que salía, y me supuse que ahí venía Chon Barrera, pedí permiso para ir a verlo, en esos momentos caminó el tren y me llevó hasta El Molino, para cuando regresé ya estaban peleando. Me incorporé con mi gente y empezamos a tirar a unos jinetes que se paseaban para un lado y otro, pero no veía a los que tiraban a pie tierra; de repente sentí un golpe en la carabina, como una pedrada, me fijé en la carabina y estaba chueca del cañón, y me chorreaba sangre de la mano izquierda, luego me di cuenta que ahí tenía la bala, luego yo mismo la saqué y fue peor la sangre, pero no me dolía.

Yo seguí viendo el combate, pero como mi carabina ya no servía y la sangre no me paraba, el Sargento que estaba con nosotros me dice:

-Váyase a que lo curen y haber sí le cambian la carabina.

Yo no quería, porque quería ver el combate, pero como me estaba sangrando mucho, me ordenó que me fuera a curar.

Me fui a ver al médico, que lamento mucho no recordar su nombre. Ya llegó un tren con mucha infantería de Federales, luego los mandaron al Puerto y en el mismo tren o en otro, mandaron a los heridos a la Estación de Monclova; Al otro día supimos que con el refuerzo de Federales, habían rechazado al enemigo y que los iban persiguiendo con rumbo a Sierra Mojada.

Pasaron los días y un día llegaron a Monclova dos de mis hermanas, que venían a verme porque sabían que yo estaba herido; hablaron con Don Pablo, luego me llamaron a mí y me dice "Hay te buscan", pasé a un cuarto donde estaban ellas y nomás me vieron amarrado de una mano, se pusieron a llorar. Me insistieron que me fuera con ellas y yo les dije que no podía, tanto porque mi padre me había mandado a defender mi Patria, como también por lo que dirían mis jefes que por tan poquito ya me rajaba; siguieron insistiendo, entonces se me vino una idea y les dije: "Espérenme aquí, voy hablar con el jefe".

Pasé a hablar con Don Pablo y le dije así:

-Mire jefe, quiero que me dé permiso de ir a dejar a mis hermanas a Rosita, estar con ellas unos días mientras que me alivio, y luego regreso.

Y me dice:

-¿Vendrás?

--Mi padre siempre me ha recomendado que el hombre por su palabra vale, y le voy a demostrar que tengo palabra.

Le habló a un jefe que no supe quién sería, le ordenó que me diera quince pesos y me dijo:

-Vete a dejar a tus hermanas y te espero, en Rosita anda Santos el Cabezón, si algo se te ofrece lo ves para que te ayude.

Salimos esa misma tarde; al otro día estábamos en Rosita. Nomás supo Severo que ahí estaba, me fue a ver a la casa, por él mismo supieron todos mis amigos. A los dos días ya tenía muchos visitantes en la casa, haciéndome infinidad de preguntas, yo muy ancho porque ya me consideraban soldado, y lo que más me gustaba es que hasta las autoridades me guardaban respeto.

Pasaron los días y yo seguí malo de mi mano y lo peor del caso, fue que mi dedo me iba quedando doblado a la palma de la mano, pero el médico que me hacia las curaciones, me decía que la base era que sanara y con el tiempo el dedo se enderezaba…Pasaron días y meses y yo con mi mano engurruñada. Como seguido me encontraba a Santos, le quitaba cuando menos cinco o diez pesos y le enseñaba cómo estaba.

Un día se desapareció y supe que andaba por Agujita, Coahuila, y como yo estaba más aliviado, me trasladé a buscarlo y no lo encontré. Me regresé a Rosita, estuve otros días, esperando para ver si regresaba; Cuando supe que Don Pablo, se había salido de Monclova y que estaba en Estación de Hermanas, le quité a mi amigo Severo cinco pesos y sin avisarle a mis familiares me empalmé otro pantalón y me puse camino para incorporarme. Nomás me vio Don Pablo y me dice "Esos son los hombres", llamó a un Oficial muy joven y le dice:

-Aquí tienes a un viejo soldado, mira cómo le quedó la mano, recuerdo de los Orozquistas, era soldado de Calvillo, pero ahora es tuyo.

Y me dice el nuevo jefe "ahorita nos vamos". El jefe con el que me mandaba era el Teniente Coronel Elías Uribe, este jefe estaba con su gente acampando en el Huizachal, que estaba entre la Estación y la Hacienda de Hermanas, con él estaba el Capitán Vargas y un Señor Guille.

Yo, como recomendado de Don Pablo, me dejó con él como viejo soldado, para donde él andaba, yo siempre iba cargando el pito o sea el clarín sin saber yo tocar ni jota.

Los Federales estaban en Monclova y hacían exploraciones hasta Las Estancias (Ranchito). Un día salimos todos a dicha Estación, pero ya estando nosotros ahí, no sé acercaron, pero siempre se daban a ver y se retiraban. Un día supieron los jefes que por el rumbo de Abasolo avanzaban los mochos, entonces nos mandaron al Pueblo de Rodriguez.

Otro día salió Elías personalmente a hacer una exploración, llegamos hasta las primeras acequías de Abasolo, ahí estaba una casita de terrado y me dice: "Súbete al techo a ver que divisas", me subí y como a los veinte minutos de estar arriba le dije:

-Parece que vienen unos pelones por el camino.

-¿Los ves bien?

-Sí, pero vienen muy despacio.

Me iba a dar los gemelos pero dijo: "Mejor voy yo", se subió a la casa y se puso a ver por todos lados. Él los vio mejor, y me dice:

-Vienen también por el maíz de la izquierda, bájate y dile al Sargento que ponga a la gente en tiradores y que estén listos.

Le di las órdenes al Sargento; vine con él a la casa, ya para cuando llegué, ya venían más cerca, y le pregunté.

-¿Me subo?

--¡No, ya me voy a bajar!

En eso estábamos cuando le tiraron una descarga; al momento se bajó y nos dirigimos a donde estaba la gente. A los cinco minutos nos agarramos, cuando salieron del maíz un hervidero de pelones (pura infantería), nos sostuvimos un poco, luego nos fuimos retirando poco a poco, siempre haciendo fuego retirado; poniendo la poca gente escalonada.

Luego me dice el Teniente Coronel:

-Mira Manuel, vete al pueblo y le dices al Capitán Vargas, que ponga su gente en tiradores de este lado del pueblo, y que la otra la ponga a retaguardia del pueblo, y que esté listo, para cuando nosotros lleguemos ya recibirá órdenes-

Corrí a dar la orden, regresé y le dije:

-Está cumplida la orden como usted lo ordenó-

Como el enemigo era pura infantería venían muy despacio y con muchas precauciones, no nos imaginábamos por qué no había caballería. Hasta después supimos que las caballerías venían peleando con Munguía, por la retaguardia en un punto que se llama Las Liebres atrás de Abasolo. Como quiera, como nosotros éramos pocos, les aguantamos hasta que oscureció, luego que supimos el movimiento de Munguía, muchos nos dimos cuenta que era el momento que Don Pablo debía de haber logrado para agarrarlos a dos fuegos, sin embargo, ordenó la retirada. Supimos después que a Elías le había parecido mal que ordenaran la retirada, en lugar de mandarle refuerzo.

De noche era muy difícil recoger a su gente. Como el tiroteo cesó al oscurecer, me mandó Elías a mí, por la derecha y a otro compañero por la izquierda, para que le dijéramos a la gente en voz baja, que salieran para la Estación, procurando coger el camino y que el Teniente Coronel los iba a esperar más adelante para llegar organizados y dar lugar a que llegaran los heridos primero.

Al siguiente día supimos que Don Pablo había ordenado la retirada nuestra, porque quería tener el combate decisivo en la Estación, para utilizar el bordo del riel hasta el Rio Salado y a la derecha los Cerros que están al frente de la Estación.

Pasó ese día en puros comentarios; al siguiente día nos mandaron muy temprano a cubrir el tramo del riel. Al Teniente Coronel, Esteban Falcón, hasta el tanque del agua, y de ahí para adelante a las fuerzas de Elías Uribe a las que yo pertenecía.

Como a las nueve de la mañana, un cañoncito que le decían El Rorro, empezó a disparar, por lo que nos dimos cuenta que ya venía el enemigo; Nos pusimos listos. Poco a poco empezaron los tiros salteados. Yo me fijaba que los compañeros tiraban, pero no miraban al enemigo. Yo me paré arriba del bordo del riel y me empiezan a zumbar las balas y me grita Elías.

- ¡Bájate tonto! ¿Que no te zumban las balas?-

- Sí jefe, pero de abajo no los veo y quiero verlos para tirar.-

-Viene la infantería, el monte y tú no los ven, pero ellos si te ven, bájate del bordo.-

A mí me cayó muy mal tirar sin ver a quién y a cada rato me paraba. Elías me regañaba pues decía que yo estaba loco, porque él se daba cuenta que cada vez que me paraba, más me zumbaban las balas y yo ni me estremecía.

En una de tantas paradas que me daba, me di cuenta que los mochos caminaban para la Estación, casi corriendo. Le avisé a mi jefe lo que había visto. Entonces vino a ver con los gemelos y confirmó lo que yo le decía, y me dijo.

-Anda a ver a Don Pablo a ver qué pasó con él-

Monté el caballo y salí, pero como al llegar rebajo, tenía que subir el riel, divisé que venía por todo el camino una infantería de mochos y resolví avisarle al jefe.

-No puede ser porque si Don Pablo se retira, tendría que avisarme, ¡vamos a ver!-

Llegamos al rebajo y ya venían más cerca; se quedó pensando y me dijo:

-Anda, levanta a Falcón y dile que pase el Río y nos proteja la retirada con su gente porque éstos ya nos flanquearon y quién sabe cómo nos vaya.-

Me arranqué a dar la orden a Falcón e inmediatamente pasó el río con su gente. La puso en tiradores y yo me regresé.

Ya venían muy apurados dejando muertos y heridos, sin poderlos sacar. Así nos venimos hasta el río, dejando compañeros tirados, pero luego que empezó Falcón a pelear, pasamos nosotros y en eso se vino la noche. Los Federales se quedaron en el lado del río y nosotros cortados para el lado de Monclova.

Luego paró el fuego, nos retiramos para los altos. Nos juntamos en los rieles lamentando el fracaso y echándole la culpa a Don Pablo porque no avisó que se iba a retirar. Tanto Falcón como Elías, estaban muy enojados y muertos de hambre y sed sin saber qué rumbo tomar. Como Elías estaba muy enojado con Don Pablo, acordó irse para La Laguna a juntarse con Pancho Villa y dijo Falcón:

-Yo lo llevo hasta el puerto, conozco bien el terreno y antes de que amanezca hay que estar allá, ya de ahí no hay peligro, y hay que coman los muchachos.-

Salimos como a las ocho de la noche, caminamos sin tocar Abasolo ni San Buenaventura; Ya amaneciendo llegamos al molino del Carmen, andábamos buscando algo de comer, cuando llega un tren que venía de Cuatrociénegas, nos arrancamos a verle, en él Don Jesús Carranza y otros jefes. Se subió Elías y Falcón a conferenciar con ellos, no supimos lo que platicaron, el caso fue que ya nos fuimos a la Laguna. Descansamos hasta las cinco de la tarde, a esas horas ensillamos y salimos para la Hacienda de Sardinas; ahí dormimos.

Otro día salimos para puerto de Aura, allí supimos que Don Pablo estaba en la Natación con toda la gente. Elías se quedó con Don Pablo y la gente se pasó a acampar sobre el camino viejo a Barro Terán. No supe que hayan tratado los jefes, el caso es que al otro día manaron a un herrero para que herrara la caballada y dicho maestro, era un íntimo amigo mío, Encarnación Zamora quien con el tiempo, fue compañero de lucha. Vive aún y ostenta el grado de Teniente Coronel. Así pasaron los días, ni nosotros, ni los Federales avanzaban, pero un día sale mi jefe de hablar con Don Pablo y que dice:

-Manuel, vamos a salir -

Al otro día salimos al Puerto de Valuarte, para ir a quedarnos en el Puerto de Barragán. Al siguiente día salimos para Abasolo Nuevo, ahí me di cuenta que íbamos como trescientos hombres porque nos repartimos. Unos iban con Santos, ¨El Cabezón¨; Otros con Tránsito Galarza y el resto con Elías Uribe por diferentes rumbos en caminito a Buenaventura. Salimos con diferentes rumbos cada grupo con la orden de atacar al otro día a las seis de la mañana; Nosotros tuvimos que rodear hasta Abasolo Viejo, pero nos tocó la mala suerte de que en la noche nos llovió, pero sobre el agua seguimos avanzando sin parar y llegamos amaneciendo a San Buenaventura.

Ya para entrar al combate, le habló Elías al capitán Vargas y le dijo:

- Capitán, ahora me cumple lo que me dijo, le voy a dar a un muchacho, a donde caiga él, usted lo saca y lo contrario-

- Manuel, te vas con el Capitán-

Nos repartimos por varias calles, íbamos con el cuarto y el cinco; Ya para llegar a la plaza cae el Capitán y yo lo arrastré para la esquina y me tiré pecho tierra para tirar, pero como estaba viendo que los mochos se estaban subiendo a la azotea, yo volteé a avisar a mis compañeros que los esperaran por arriba, pero ya no estaban. Me arranqué a avisarle al jefe que estaba solo y con el Capitán herido. Me dice muy enojado:

-Vaya a traerlo-

No tuve más remedio que salirme a las balas y con suerte llegué bien. Pero para salir con él cargado, estaba el peligro. Lo cargué, lo monté en ancas, cuando abre un vecino una puerta y me dice:

-¡Véngase por aquí!

-Le voy a abrir un portillo atrás del solar para que se vaya -

Se fue adelante de mí y cuando acordó el Teniente Coronel ya estaba con él. Al verlo le pregunta:

-¿Cómo está Vargas?-

- ¡Bien!-

- Pues que lo lleven, que le curen los médicos -

Se dirigió a mí y me dice:

-Ya sabes por donde entramos; ahí están, que lo curen inmediatamente-

Lo llevé con los médicos, ordené que lo curaran y me regresé. Luego me dieron ganas de voltear para la izquierda y vi humo de un tren. Me quedé mirando y me di cuenta que venían soldados arriba. Le avisé a mi jefe y volvimos al lugar para que a través de los gemelos pudiera confirmar la llegada de soldados sobre el tren que se aproximaba.

- ¡Mira cómo vienen! -

- ¿Ahora qué hacemos?-

- Lo que usted ordene jefe-

- Vete a levantar al Capitán y dile a los médicos que levanten todo su mugrero y se vayan tras de ti. Yo voy a ver cuántos puedo sacar -

Pronto llegué con los médicos, les di la orden, me echaron al Capitán y salimos por donde habíamos entrado. No habíamos avanzado doscientos metros cuando le pegaron a los nuestros por la retaguardia; Saliendo el Teniente Coronel con unos cuantos y batiéndose en retirada. En el camino se encontró a

Santos con su gente, se disgustaron mucho y lo dejó parado, diciéndole:

- Haga lo que le parezca, yo me voy-

A mí la gente me iba dejando atrás poco a poco, hasta que me dejaron solo. Llegué a Abasolo Viejo al anochecer; Pregunté por la gente y me dijeron que ya hacía una hora que habían pasado. Yo seguí adelante con mi carga y ya iba terminando, muerto de hambre y de sed, pero no podía dejar al herido que se iba desangrando; al fin lo sentía muy suelto y frío. Lo empecé a mover y estaba muerto. Luego lo atravesé en la silla para andar más aprisa. Al fin llegaba como a las nueve de la noche. Pregunté por el cuartel y me dijeron dónde estaba. En esos momentos llega Elías a preguntar por mí, cuando me vio pareció que le dio gusto y me pregunta:

-¿Cómo está el Capi?-

- ¡Muerto!-

- Déjalo en la guardia-

- Reciban el caballo de Manuel, denle agua y pastura, para que consiga algo para él-

Me dio cinco pesos y al primero que encontré le pregunté si sabía dónde había algo que comer, y me llevó a donde él había cenado, pero ya no tenían más que frijoles, tortillas de harina y café . Yo encantado con lo que tuviera la señora; Completé mi cena con un molcajete de chile, después de no comer nada en todo el día, estuvo la cena especial.

Nos trasladamos al cuartel en donde la guardia se encargó de velar al Capitán. El resto de la gente a dormir. Al otro día muy temprano salimos a enterrar al Capitán y una vez terminado el entierro dijo Elías:

- Muchachos, como ustedes saben, Manuel expuso su vida para sacar al Capitán, sin que nadie lo ayudara; Luego lo trajo hasta aquí también solo, llegando a las nueve de la noche, cuando nosotros ya estábamos descansados, por lo tanto he pensado darle el grado de Sargento Segundo, por lo cual respetarán desde esta fecha, sus órdenes sean de palabra o por escrito-

Todos aplaudieron y no se tocó el clarín porque el trompeta era yo y no sabía ni jota; Me decían el trompeta nomás porque lo cargaba. Nos regresamos al cuartel y como a las diez salimos al Puerto de Borregas, llegando ya poco tarde, pero ahí nos encontramos a otros jefes, que según supimos eran Don Cesáreo Castro, Villarreal y Esteban Falcón, que ya conocíamos desde antes.

No supimos qué tratarían los jefes, pero al siguiente día nos formaron y salió Elías a decirnos:

- Muchachos yo me voy para La Laguna a traer gente para enseñarles cómo se pelea y el que me quiera seguir que dé un paso al frente-

Yo lo di sin vacilar y me dice:

-¿Tú no eres de aquí? -

Yo le contesté que sí, pero quería que me mataran donde no me conocieran; Creo que les pegué en el amor propio, porque luego salieron diez más. Se retiró Elías y fue y trató con Esteban Falcón para que le recibiera a la gente que no lo quiso seguir.

- Compañero, ahora quiero que me preste un guía que conozca el terreno para que me saque al camino de Sierra Mojada, ya estando en el camino le ordenaré que regrese con usted-

Se llevó Falcón la gente y nos quedamos los once con Elías esperando a que Falcón designara al guía que nos acompañaría.

- Mira Pedro, tienes que llevar al compañero Elías a que tome el camino a Sierra Mojada. Te vas por la Purísima, luego a Capulín, brincas la Sierra a la Reforma y ya de ahí está cerca el camino, tú ya sabes y de regreso me esperan en Sardinas, ahí voy por ti porque no sé qué rumbo llevamos nosotros-

Nos despedimos y salimos con nuestro jefe. Esa noche dormimos en el mentado Capulín y ahí nos encontramos con una partida de Carrancistas al mando de un teniente de nombre Antonio Treviño, que según él, andaba en una comisión.

Al otro día brincamos la sierra y llegamos a La Reforma donde pasamos la segunda noche; Muy temprano llegamos al camino que nos conducía a Sierra Mojada y ahí nos despedimos de Pedro Monsiváis. Seguimos adelante y ya muy tarde llegamos a un Ranchito de la Sierra que le decían Puertecitos, en donde preguntamos si más adelante podríamos encontrar agua, pero nos dijeron que no encontraríamos hasta no llegar a Sierra Mojada.

- ¿Dónde encontramos más cerca? -

- En la Zacatosa, pero está muy distante del camino que ustedes llevan-

- Pues llévanos a la Zacatosa y te pagamos-

- ¡Si es nomás hasta allí, déjeme avisarle a mi vieja!-

Salimos y al oscurecer ya estábamos en dicho Rancho, con dos jacales solos, pero había un tanque de agua llovediza y muchas chivas; En uno de los jacales, la ropa del pastor. El guía que nos llevaba lo conocía y le empezó a gritar por su nombre hasta que por fin llegó y para la hora ya éramos muy cuates. Nos hizo café, nos asó carne, nos hizo panes y para las diez de la noche ya estábamos cenando muy tranquilos.

Elías platicó mucho con él, le pregunto qué camino había más cerca de allí y dice:

-Allí nomás pasando el cerro pero, pero ese camino es de Cuatrociénegas o para San Pedro de Las Colonias hay agua en el mero camino; Hay un pozo que le dicen ¨El Hundido¨ ahí hay agua, la que no se toman; Si van a San Pedro, la vereda los lleva-

El pastor nos pregunta a qué hora saldríamos para hacernos café, pero Elías le dijo que lo pusiera de una vez para tomarlo cuando nos vayamos. Otro día salimos con rumbo a San Pedro, pero nos llevamos al pastorcito para que nos enseñara el camino. Caminamos toda la tarde para llegar al cañón de la sierra donde encontramos un rancho muy grande. En el lugar el hacendado nos preguntó si éramos Carrancistas y Elías le respondió que sí y que buscábamos a más Carrancistas.

- Pasen, nosotros también somos Carrancistas y nos da gusto verlos. Ahorita les hacen de cenar y si quieren pasar aquí la noche, hay pastura suficiente para los caballos y comida para ustedes-

Siguieron platicando con Elías y resultaron ser paisanos, porque Elías era de San Pedro y ellos también; Nos dieron pastura y maíz para nuestros caballos y luego nos llamaron a cenar.

Pasamos la noche muy felices y supimos que en San Pedro había Carrancistas, pero que se rumoraba que por ahí andaban los colorados. Al otro día después del almuerzo, salimos para San Pedro; Al salir del puerto nos encontramos con un señor que venía de San Pedro y le preguntamos:

- ¿Qué gente hay? -

- Son Carrancistas, pero a las cinco que yo salí estaban esperando a los Colorados y no sé qué haya pasado-

-Pues vamos a ver qué pasa-, dijo Elías; El señor se despidió deseándonos suerte y siguió su camino. Nos arrancamos a trote largo para llegar temprano; Como a las seis estábamos frente a la Estación de San Pedro de las Colonias, pero nos paramos porque vimos a muchos garrudos con listones colorados en el sombrero. Nos quedamos mirando, cuando a poco nos empezaron a tirar; Dimos media vuelta y les contestamos el fuego en retirada.

Como nosotros vimos que venían de infantería no les hicimos mucho aprecio, pero Elías tomó en cuenta que nos podían herir un compañero y sin poder curarlo, dijo -vamos saliendo del peligro- y empezamos a galopar para salir del peligro y luego ver qué rumbo tomar.

Ya fuera de peligro, vio Elías unas gomitas en el llano y nos pidió dirigirnos hasta ese lugar, en donde quitamos los frenos a los caballos y nos tiramos a descansar.

- Manuel, súbete a la loma para ver qué se oye o que se ve por los alrededores- me dice el jefe. Estuve escuchando y todo silencio. Volteé y vi una lumbrita y le dije al jefe - Hay una lumbre a la retaguardia- Me pidió que fuera a ver qué rancho era y antes de salir se me unió en el camino.

Nos fuimos, pero antes les dijo a los muchachos - esperen aquí, luego regresamos y saldremos- Poco a poco Elías y yo nos acercamos a la mentada lumbre, dejando los caballos y al grueso de la gente a poca distancia y nos arrimamos hasta donde estaba el pastor; le dimos una palmadita en la espalda, tiró un salto brincando la lumbre y le dijimos, no se asuste amigo.

Al momento se recobró del susto, luego empezó a platicar.

- ¿Qué tienes de cenar?-

- ! Café, Pan de maíz y carne sí quieren! -

- Sí, como no - Dijo Elías y me manda llamar a los muchachos.

Para cuando regrese, ya tenían café, carne asada y panes. Nos pusimos a cenar y para entonces le había dicho el pastor a Elías que en Tlahualilo, había mucha gente Villista y cómo podíamos agarrar el camino. Cenamos y le dijo Elías al pastor - Llévanos a donde podemos agarrar el camino- Salimos y al poco andar, encontramos un canal o tajo y ahí nos dejó. Nosotros caminamos un poco y salimos a un cañoncito de la loma, quitamos los frenos y nos acostamos a dormir hasta las ocho de la mañana de otro día. Nos levantamos con el sol muy alto y como a las dos horas de caminar, llegamos al camino que nos conducía a Tlahualilo. Ya de ahí pudimos divisar los árboles de la Hacienda. Cogimos todo el andador, habíamos caminado como un kilómetro, cuando divisamos una avanzada como con quince hombres.

Nosotros hicimos alto, y nos adelantamos a Elías. Al estar más o menos a veinte pasos, nos gritaron - ¿Quién vive? - contestamos -¡Carranza! Luego nos rodearon. Estuvieron platicando con Elías, hasta que nos dijo - Ve a traerte a los muchachos- Corrí a llamar a mis compañeros y muy contentos nos incorporamos con nuestro jefe. Llegamos a Tlahualilo, después de tanto sufrir en la travesía, desde Coahuila hasta el Estado de Durango. Había en esa Hacienda como 8 mil hombres y el jefe Villa estaba en Estación de Bermejillo, como el resto de la división.

Por lo pronto nos dieron cinco pesos que hacía tiempo que no veíamos por junto con Don Pablo. Nos acuartelamos, pusimos de comer a nuestros caballos y salimos a buscar nuestros alimentos. Era un día de fiesta para nosotros, porque tocaban y cantaban por donde quiera, sin faltar los tiros y pleitos que abundaban por tanta gente, por todos los rumbos del pueblo. Nosotros nos veíamos muy extraños entre tanta multitud.

Anduvimos paseando un rato y luego nos fuimos a ver nuestros caballos. Estábamos en eso, cuando llega el jefe y nos dice que al día siguiente saldríamos a Bermejillo a ver al jefe grande. Al otro día muy temprano salimos y para las once ya estábamos en dicha Estación. Ahí también había tanta gente como en Tlahualilo. Supimos que ya estaban peleando en Gómez Palacio, Durango.

Elías subió al carro a conferenciar con Villa, mientras nosotros formados en frente, compramos cuanto nos vendían de comida. Como a la media hora vino el Teniente Coronel y nos dijo - Vamos a seguir adelante, nos van a dar más gente. Compren algo para comer porque no sabemos dónde vayamos a pasar la noche- Ya con ese aviso compramos unos quesos, pan blanco y otras cositas de golosinas. Llegó un oficial con cincuenta o sesenta hombres. Se puso a las órdenes de nuestro jefe y los formó en seguida de nosotros.

El Oficial se puso a platicar con nosotros:

- ¿De dónde vienen ustedes?-

- De Coahuila-

- ¡Ah! -

- Pues dicen que en Coahuila hasta los perros son Carrancistas

- Pues no tanto así, pero la mayoría sí son -

Y dice otro:

- Villista -

- Aquí estuvo Carranza, con el Jefe Villa pero se pasó para Sonora-

En eso estábamos cuando viene un Oficial y le dice a Elías - Van a pasar dos escuadrones y tras el segundo sigue usted - Todos nos fuimos al pie de nuestros caballos. Al rato pasó el primero, en seguida el segundo. Montamos a caballo y seguimos el movimiento.

Yo pensé, ¿para dónde iremos tanta gente? Por la tarde llegamos a un pueblo de nombre Mapimí; Pero como íbamos casi adelante, nos pasamos a una Hacienda, que estaba afuera del pueblo y ahí dormimos.

Muy temprano seguimos la marcha. Llegamos al Río Nazas que estaba un poco crecido, pero los que iban al frente nos sirvieron de guías. Al otro lado estaba la Hacienda de Loma; En este lugar había mucha gente que ya estaba saliendo. Me pareció que sólo nos habían estado esperando para emprender la marcha. Al llegar al Camino Real hicimos alto.

La gente de infantería que había salido adelante iba subiendo el cerro. Un oficial preguntó por Elías para decirle que por órdenes del general deberíamos esperan hasta que rompiera el fuego en el cerro, para entrar por camino real y llegar al pueblo de Avilés en donde está el enemigo. Seguimos esperando.

Ya estábamos desesperados, cuando de pronto se escuchó el fuego muy cerrado y el jefe dio la orden de partir.

- ¡Vámonos muchachos! -

- Sin tirar un tiro hasta no ver al enemigo -

Salimos galopando, y al ver el pueblo, a media rienda, llegamos a la plaza. Como los del cerro se dieron cuenta que ya estábamos adentro, se dejaron venir como leones y nosotros debajo del portal de la presidencia sin poder tirar ni un tiro. En eso empezaron a bajar por la escalera y nosotros agarrándolos. Cayeron como sesenta y entre ellos el general Alvírez, que aunque ya venía disfrazado, no faltó quién los descubriera.

Para cuando llegó la demás gente teníamos muchos prisioneros sin tirar un solo tiro. Nomás llegaron los jefes grandes, Elías los entregó. Después supimos que los habían matado a todos y echado a una noria.

Esa tarde acampamos en la orilla del río, frente a Avilés; Otra gente se pasó más adelante, con rumbo a Torreón. Salimos al tercer día a dónde estaba la gente que no podía pasar, porque para llegar al Puerto del Huarache y Cerro de Calabazas, teníamos que atravesar un llano de trescientos metros para llegar a la falda del cerro.

Entonces acordaron los jefes en mandar una infantería al Cerro de la Metalúrgica, para pegarle al enemigo por la izquierda. Mientras nosotros esperábamos la noche para pasar el llano protegido por la oscuridad. Como a las siete de la noche empezamos a encadenar la caballada y para las nueve ya iban avanzando los primeros. Pronto salimos y a paso veloz alcanzamos a los de adelante en la falda del cerro. Ahí estuvieron conferenciando los jefes y acordaron que iban a avanzar sin tirar un tiro hasta no estar de dos a tres metros de los fortines del enemigo.

Ya todos de acuerdo, avanzamos los primeros. Como los mochos no nos sentían, hacían una balacera brutal, y nosotros callados pecho tierra. Viendo que no contestábamos el fuego, dejaron de disparar. Seguimos avanzando; también por la metalúrgica se podía escuchar el fuego muy cerrado. También por ese rumbo avanzaban los nuestros. En esos momentos corrieron la voz, que en tercer avance íbamos a esperar que pararan el fuego los Federales, y nos echábamos encima sobre los fortines.

Avanzamos otro poco. Volvieron a romper el fuego, pero nada más dejaron de tirar, nos levantamos violentamente y a los cinco minutos ya estábamos en los fortines. Unos echando balazos y otros garrotazos con las mismas carabinas. En menos de quince minutos los fortines eran nuestros. Con muertos y heridos por todas partes de unos y de otros, pero ya habíamos tomado el cerro como a las doce de la noche.

Como tenían los Federales otra línea de fuego como a sesenta metros abajo, tuvimos que utilizar sus fortines que antes habían dejado en la corona del cerro, para seguir combatiendo.

Al tomar los primeros fortines, nos desorganizamos un poco y los jefes acordaron permanecer ahí. Tanto para organizar a la gente, como para localizar al enemigo que nos estaba haciendo muchas bajas y no sabíamos de dónde. Ahí nos amaneció, pero nada más vino la luz del día, nos dimos cuenta que los teníamos muy cerca de nosotros. Ellos bien afortinados y nosotros para avanzar necesitábamos para salir a pecho descubierto y cuesta abajo; Como quiera en rastra avanzando unos cuatro metros abajo, naturalmente unos cogiendo piedras y otros haciendo sus fortines.

A mí me tocó una buena piedra, pero como agachado no los podía ver, a cada rato me paraba para tratar de localizarlos. Elías que estaba como a tres pasos de mí me decía:

- ¡Güero bruto, no des mucho! ¡Claro, porque te matan! -

Así estuvimos hasta después de las dos, ni ellos ni nosotros avanzábamos. Una carga de caballería que se desprendía de Gómez Palacio liderada por Maycotte se enfrentó en brutal asalto que llegó hasta el puente del ferrocarril, o sea la orilla del Río Nazas. Esto le valió a Maycotte el grado de Coronel por el General Francisco Villa.

Esa carga le causó mucho gusto a Elías sin saber quiénes eran. Se enderezo a echar los gemelos, cuando recibió un tiro en la cabeza y cayó bien muerto. Lo arrastré hasta donde yo estaba; al rato me dice un compañero:

- ¿Que no es tu jefe? -

- ¡Sí, pero que le hacemos! -

- Pues, llévalo abajo -

Yo no quería porque al enderezarme a mí también me tumbaban, pero viendo que aquél me insistía, pensé arrastrarlo hasta la cañadita para salvar el peligro. Faltarían como cinco o seis metros para trastumbar el cerro. Me fui con él arrastrando y al llegar, ahí descansé. Me puse a contemplarlo y recordé que él me había dicho que era de San Pedro de las Colonias. Le quité la pistola, las cartas de su familia y el dinero que traía, con la intención de que si llegaba a pasar por San Pedro, buscar a sus familiares y entregarles todo.

Lo cargué de nuevo y llevé para abajo. Divisé una bolita de gente y me arrimé a ellos. En el grupo estaba Pancho Villa, quién me dice. -¿Quién es ése?, yo le contesté, - Mi jefe, Elías Uribe - y dice Villa, - ¡Qué lástima, ahí déjelo y váyase! - . Me regresé a mi puesto y al llegar a mi lugarcito de antes. Mi sorpresa fue que el compañero que me indicó que sacara a mi jefe ya estaba muerto con otro tiro en la cabeza. Eso me hizo suponer que el pelón que había matado a mi jefe era muy buen tirador, porque les daba en la mera cabeza.

Yo quise cerciorarme de lo que maliciaba. Me tiré de largo tras la piedra; Saqué mi sombrero con un palo arriba de la piedra y no tardó mucho en que voló. Yo lo quise cazar, pero no pude porque no lo podía ver. Empezaba a oscurecer y el combate seguía muy graneado, pero sin avanzar, ni ellos, ni nosotros. Ya de noche nos cambió la suerte, porque ellos no nos veían y nosotros sí, con las luces de Torreón y nos dábamos cuenta de todos sus movimientos.

Como a las diez, vino una comisión repartiendo bombas de mano. A cada cinco hombres daban una, diciéndoles a los que les tocaban las bombas, que esperaran órdenes. Al rato vino otra comisión diciéndoles que tan luego oyeran un cañonazo del lado nuestro pero contrario, que prendieran las bombas y las tiraran con todas sus fuerzas sobre el enemigo y que al estallar, nos echáramos encima todos.

En eso estábamos, esperando el cañonazo, cuando de repente se enciende una casa que alumbraba todo el cerro. Unos decían que era intencional; Otros que con las balas se había prendido. Estábamos en esos comentarios, cuando suena el cañonazo convenido y desde luego se empezaron a prender las bombas y nos echamos sobre los Federales. Con las bombas se abandonaron las posiciones. Con la luz de la quemazón veíamos que iban corriendo y se formó una gritería que parecía el día del juicio.

Muy pronto estábamos en las calles todos los Villistas y uno que otro Federal que salía, luego caía muerto. En eso gritó un jefe diciendo que debíamos ir a la Estación y nos fuimos a dicho punto.

Como los Federales tenían a raya a los nuestros, que venían por el puerto del huarache, nosotros les pegamos por delante y por detrás y no quedó uno solo. Cuando regresamos a la estación, estaba todo terminado. Ya para entonces habían abierto algunas fonditas y nos dedicamos a cenar y ahí nos amaneció.

Ya muy tarde me dediqué a recorrer las calles. Por donde quiera había infinidad de muertos de unos y otros. Borrachos por todas partes, peleándose unos con otros, hasta que vino un jefe con escolta echando corte parejo.

Había infinidad de cuarteles, pero nunca supe cuál era el mío. En el primero que me llevaron no me reconocían y me preguntaron que de quién era. Yo les dije que era de Elías Uribe, y dijo el jefe - Ese ya murió, ahora te quedas conmigo - y me dio cinco pesos y nos dijo que los que estuvieran francos podían salir y procurar localizar los caballos, porque la comisión que los trajo echó realada de todos los que encontró y estaban en el Cuartel de la Alameda, ahí podíamos cada quien recoger el nuestro.

Como traía dinero del difuntito no me hacía fuerza, ni caballos, ni cuartel, al fin que nadie me conocía, así anduve varios días dándome la gran vida. Hasta que un día me encontré a Maycotte, íntimo amigo mío de nuestra infancia y me dice - ¿Güero, ya quedaste huérfano? - le dije que sí, pues ya habían matado a Uribe. - Pues vente conmigo. Ahí andan amigos tuyos; el Timboloche, el Chato Hesiquio, los Castellanos y otros de Coahuila que es probable que tú los conozcas - Yo le pregunté que donde estaba y me dijo que en Lerdo. - Nomás tomas un tranvía de los que salen de aquí y te llevan hasta allá - Me dio diez pesos y me dijo. - Vete ahora mismo; a mí me mandó hablar Pancho y voy a ver para qué me quiere -.

• *Estos combates que acabo de narrar, si mal no recuerdo fueron el 26 de Octubre de 1913 en Avilés, Durango y el 30 de Octubre y 1 de Noviembre de 1913, en la Toma de Torreón, Coahuila contra los Federales, que mandaba el famoso General J. Munguía.*

CAPÍTULO III

Maycotte

Esa misma tarde me fui a dar una vuelta a Lerdo. Localicé el Cuartel de Maycotte, pero no me presenté porque quise volver a Torreón para ver si localizaba mi caballo y recoger mi maleta, pero en vista de que no encontré ni una cosa ni la otra, al siguiente día me vine al Cuartel de Maycotte.

Ya me estaban esperando, porque le había dicho al jefe que había quedado de irme con ellos; debo advertir que caí en la gloria, por motivo a que me junté con mis viejos amigos que me dispensaban toda clase de consideraciones. Yo no tenía ni caballo, ni montura, menos arma; al llegar Maycotte al Cuartel, le platiqué cómo iba y me dice: No te apures, ya veremos - y le dice a la señora que lo estaba asistiendo - Le da la comida a este muchacho y me la carga a mi cuenta- Como vieron que me trataba bien el jefe, en la noche me dijo la señora. - Aquí tiene usted este catrecito para que duerma- Así estuvimos como cuatro o cinco días. Les daban chivo a los muchachos y a mí mis cinco pesos.

Un día vino el jefe con la novedad de que íbamos a salir para nuestro terreno a llevar una comisión a Don Pablo donde anduviera. Qué contentos nos pusimos todos al ver que volvíamos a nuestra tierra, después de habernos salvado de tan fuerte combate como fue el de Torreón, que nunca habíamos visto tanto muerto y que teníamos mucho que platicar a los de Don Pablo, que se les iba en puro correr.

En la tarde llega Maycotte y nos dice - Mañana salimos -, al otro día todos ensillaron, cuando llega un jinete con un macho muy gordo con una andadura especial y con muy buena rienda. Lo sentó frente a mí y me dijo Maycotte - ¿Cuál quieres, el macho o el caballo? - Yo elegí el macho por los andados que tenía y muy buena rienda.

Salimos como a las diez, más o menos, con rumbo a San Pedro de las Colonias. En el camino íbamos platicando yo y el jefe y le dije - Vieras que tengo gusto porque vamos para el terreno, pero me gusta más aquí con Villa, que con Don Pablo-.

-¿Por qué te gusta?-

- ¡Porque donde pisa la caballería de Pancho Villa ni el zacate sale! -

Entonces me dice Maycotte:

- El consuelo que me queda, que yo les puse la muestra-

Luego me empezó a platicar el origen de la carga que él dio al puente de Torreón y me dice:

-Yo me presenté con Pancho para decirle la comisión que traía, y me preguntó:-

- ¿De dónde vienes?-

- Yo le dije: De Coahuila, de las fuerzas de Don Pablo y me dice: -

-Aquí quería ver a los Coahuilenses. Quiero que me tome ese puente que mis muchachos no han podido llegarle. ¿Cuánta gente necesita para darle?-

Yo le contesté: - Con los que tengo basta-

Los puse en tiradores y les dije - Muchachos, hasta el puente vamos- y nos arrancamos. Viendo Pancho que habíamos llegado al puente, se dejó venir él con la suya. Llegó conmigo y me dice:

-¿Qué grado tiene usted?- Yo le dije que Mayor, y dice: -¡Desde ahorita es usted Coronel! Y tan pronto como terminemos con estos tales se va a cumplir su comisión.

Así fue como sucedió el tremendo asalto al puente del Río Nazas que le valió a mi jefe el grado de Coronel. Y a los Coahuilenses los elevó muy alto, por lo que me siento muy satisfecho, porque ahí tomaron parte varios de mis amigos, como Rodolfo y Ernesto Castellanos, Chato Hesiquio y otros de mis amigos que lamento no recordar sus nombres. Seguimos platicando hasta llegar a San Pedro, ya en la noche.

Nos encuartelamos en un corralón, que por carecer de pastura para la caballería tuvimos que salir muy temprano con rumbo a Cuatrociénegas, Coahuila. Por el mismo camino que nos trajo cuando veníamos con Elías Uribe. Llegamos al mismo rancho donde habíamos estado antes y desde luego me conocieron los rancheros y me preguntaron:

- ¿Que no pasó usted con Elías Uribe?-

- Aquí estuve con él, pero como lo mataron en Torreón, ahora vengo con este jefe-

- ¿Y los otros compañeros?-

- No supe que suerte les haya tocado porque no los volví a ver.

- ¡Qué lástima!-

Así es la guerra, uno sabe que va, pero no sabe si vuelve. Ahí pasamos la noche con las mismas atenciones que nos habían brindado antes.

Al otro día muy temprano, salimos con rumbo a Cuatrociénegas. Yo y Maycotte seguimos la plática que traíamos con relación al viaje, de buscar a Don Pablo; Porque yo quería saber si regresábamos o no; y me dice Maycotte, pues la comisión es ésta, enseñándome el oficio, pero no sabemos que diga Don Pablo.

Leí el oficio que le mandaba Villa y decía así:

"Señor General Pablo González: Hónrame participar a usted, haber tomado Torreón y pueblos circunvecinos; he acordado, dar descanso a esta gente y a mi caballada para seguir a Zacatecas. Ruego me mande lo más pronto posible, carbón para mis máquinas."

El Coronel Villa estaba en la creencia, que Don Pablo estaba en Coahuila todavía, lo mismo que nosotros, pero no fue así.

Esa noche nos quedamos muy cerca de Cuatrociénegas, en una ranchería. Al otro día muy temprano llegamos a dicha plaza y ahí descansamos dos días. Ya se empezaba a rumorar que Coahuila estaba por los Federales, y que Don Pablo no se sabía qué rumbo había tomado. Nuestra pasada era por el Puerto del Carmen, pero no sabíamos si había Federales o no. El tercer día salimos con rumbo al Puerto, pero ya para llegar, nos dimos cuenta que la federación estaba tomando posiciones. Como ya conocíamos dicho puerto, comprendimos que no podíamos pasar con tan poca gente. Luego dijo Maycotte:

-No hay que gastar nuestro parque en zopilotes, porque no sabemos en donde vayamos a encontrar a Don Pablo y hay que ir a donde lo encontremos, mejor veremos por donde pasar-

Nos regresamos a Cuatrociénegas. Al otro día salimos al Puerto del Berrendo, llegando a una vinata, que no recuerdo su nombre; nos dieron un cuernito de aquel delicioso vino y por la buena calidad llenamos nuestras anforitas en lugar de agua y nos pasamos hasta el Capulín y ahí dormimos.

Como por estos rumbos eran los correderos del Teniente Coronel Esteban Falcón, no faltó quién le avisara que nosotros íbamos por ese rumbo y se vino a encontrarnos, y como era conocedor del terreno, al otro día muy temprano ya estaba con nosotros.

Ese jefe nos vino hacer pasar unos días muy felices, porque nos platicó todo lo que a Don Pablo le pasaba; que ya no estaba en Coahuila, ni en Nuevo León; que andaba por Tampico; que había tomado Monterrey por algunas horas, pero que lo habían echado fuera, porque se le había emborrachado la gente, y que ahora andaba por Tampico con

Caballero, pero que su Cuartel General lo tenía en Matamoros.

-Está muy larga mi comisión, pero hasta allá lo voy a ver - Dice Maycotte

Luego dice Falcón: -Está poco difícil, pero a ver cómo les va en la travesía, porque está larga y llena de mochos los dos ramales: El de Piedras Negras y el de Laredo y te pueden encorralar-

Dice Maycotte: -¡No me hacen nada!-

-¡Bueno pues! si tú quieres yo te encamino hasta la Estación de Laura y de ahí me regreso a mis comederos- respondió Falcón.

-Está bien, como tú quieras, pero nos falta lo más esencial ¿Dónde están los mochos?- Pregunta Maycotte.

- Aquí los tenemos muy cerca, en el Puerto, pero ya los dejamos atrás. En Monclova y en la Estación de Sabinas está Guajardo. En Allende hay Federales, en Piedras Negras el Cuartel General de todos ellos. Hay también en Múzquiz, está Sóstenes con setenta voluntarios, responde el Coronel Falcón.

Dice Maycotte: -Nosotros somos noventa, bien podemos darles unas nalgaditas-

-No te creas, son nativos de ahí y conocedores del terreno, y por lo tanto más peligrosos- Asegura el Coronel Falcón.

-Bueno, mañana saldremos y ya veremos que nos pensamos-

-Pues yo los voy a encaminar-

A los dos días de estar en Sardinas, haciendo comentarios, salimos al Puerto de Laura, ahí nos quedamos. Al otro día salimos para la Estación. Antes de llegar al pueblo estaban acampados unos húngaros; Dichos señores llevaban un caballo alazán y muy buenas carnes que me gustó para cambiarlo por mi macho. Lo consulté con mi jefe y me dijo – Sí, está bueno, porque de aquí en adelante le vamos a entrar al toro como se pueda- Me regresé a ver a los húngaros y como vieron que tenía tan buena rienda como caballo, les agradó el cambio. Con dicho trato salí un poco mal.

Eran como las seis de la tarde cuando me incorporé con mis compañeros. Al parecer bien montado divisé a Maycotte, que estaba con el jefe Ramos, Paz y Fidel Morado; Yo también me arrimé a la conversación. En el momento que llegaba les dice Falcón - Yo hasta aquí los acompaño, ustedes hagan como mejor les parezca- y se despidió. Luego que se retiró les pregunté - ¿De qué se trata? -

- Es que queremos ir a Múzquiz a sacar dinero, porque de aquí en adelante hay que atravesar hasta Matamoros-

- ¡Bueno! ¿y qué nos impide? -

- Falcón dice que es peligroso-

- Y para qué lo consultan, si nos vamos a Múzquiz a de ser ahorita para estar en Esperanza a las once y amaneciendo en Múzquiz. Y para que no se den cuenta que vamos, hay que cortar los alambres, y para cuando quieran ya estamos adentro-

- Dice bien Manuel, vámonos -

Salimos como a las siete de la noche, ya para las once estábamos en las Minas de Esperanza. Cortamos las comunicaciones, y me ordenaron que trajera al negro Tom, muy amigo de Maycotte; Yo como sabía dónde vivía lo traje, y Maycotte le ordenó que abriera el almacén para que los muchachos sacaran, galletas, cigarros y una que otra botellita de mejores vinos; esto se hizo en menos de una hora, y le dijeron al negro que íbamos para Sabinas y salimos.

Para las cuatro de la mañana ya estábamos en el Menor, esperando que pasara el rondín, que sabíamos de antemano, que a esa hora daba la última vuelta para regresarse a Múzquiz. Para esa hora estábamos metidos el Pilón, Prisciliano y yo en una casa del pueblo para ver el rondín cuándo regresara y avisarles nuestros jefes. No tardaron mucho sin que pasaron e inmediatamente dimos aviso que ya habían pasado, y en seguida salimos tras de ellos que hasta el polvo de sus caballos nos daba en la cara de lo cerca que los llevábamos.

Ellos entraron al pueblo, nosotros esperamos en la orilla para repartir la gente por diferentes calles; avanzamos y todos les caímos al Cuartel por diferentes rumbos. Ahí se vio una hazaña muy heroica del compañero Rodolfo Castellanos que se batió pecho a pecho con el jefe de ellos en plena banqueta, quedando muerto el señor Sóstenes Guajardo y herido el compañero Castellanos. Viendo que salían del Cuartel a coger los caballos que estaban ensillados, yo también brinqué la tapia y cogí el más grandote creyendo que era el mejor y resultó el más mocetón por ser americano, pero sí muy buena montura, flamantita. Lamento no recordar la fecha de ese combate, pero fue en diciembre de 1913 el asalto y toma de Múzquiz, Coahuila, contra voluntarios Federales de Sóstenes Guajardo.

Esa misma tarde salimos para Palaú, encuartelándonos en los corrales de la Compañía del Tiro número Dos. Pasamos esa tarde y otro día hasta las doce, cuando nos llega un correo de San Juan de Sabinas donde nos avisan que viene Guajardo con 500 hombres a perseguirnos y estuvimos esperando hasta verlos a simple distancia; queríamos darle una entrada, pero como eran muchos llevamos el noventa por ciento de perder por una de ganar; mejor acordaron retirarnos por donde habíamos entrado con rumbo a Esperanza.

Ya para llegar a la Mota, nos encontramos a unos Chinos en un exprés y nos dicen que en Esperanza están llegando muchos Federales. Para pronto nos pasamos a una loma que está entre la Mota y Esperanzas, para darnos a ver y así fue. Tan luego nos revisaron empezaron a hacer maniobras para combatir, pero no avanzaban. Como por la retaguardia de nosotros venía Guajardo, nosotros nos subimos todos a la loma dispuestos a pelear con los que nos atacaran primero. Como ya estaba el sol muy bajito y no nos atacaban, me dijo Maycotte - Tú aquí te quedas con diez muchachos y nosotros nos vamos por el arroyo hasta salir al Tiro Cuatro, y luego que oscurezca te vienes a seguirnos, y nos buscas en Barroterán, pero si te atacan antes, tomes el mismo arroyo y me sigues-.

Ahí estuve hasta que cerró la noche. No obstante tenerlos a la vista, no me atacaron. Yo me retiré del puesto, tomé el mismo camino y los alcancé en Barroterán. Nada más estuve con ellos, corrimos la voz que íbamos para Sabinas. Luego cogimos todo el riel simulando que íbamos para dicho punto, pero como a dos kilómetros, cortamos para Saltillito y ahí fuimos a dormir muy tranquilos hasta las ocho del otro día.

Debo advertir que desde que me incorporé con Maycotte ya era yo Sargento Segundo, nombramiento que me había dado Elías Uribe, pero como nunca se los dije, me consideraban como soldado, pero con todas las consideraciones necesarias, tanto porque era amigo del jefe, como porque se iban dando cuenta de mis actividades; nunca me nombraban servicio, y si comisiones como a cualquier Oficial.

Como llevo dicho, salimos de Saltillito, y luego nombraron unos cinco hombres para que me adelantara a Progreso, con toda clase de precauciones, para ordenarles a las autoridades de ese pueblo, que tuvieran dos Cuarteles con pastura para quinientos caballos.

Antes de llegar al pueblo alcanzamos a dos muchachos con un carretón que llevaban unas barricas de agua. Mis soldados se les arrimaron exigiéndoles que abrieran las barricas para que les dieran agua. Al darme yo cuenta, me devolví y les ordené que dejaran a esos muchachos y que siguieran adelante; al entrar al pueblo, el primer vecino que me encontré le pregunté - ¿Qué gente hay en el pueblo? Contestó - No hay nadie - Pasamos a la plaza y en una esquina estaba un hombre parado, me dirigí a él y le pregunté - ¿Dónde está la Comandancia?- y me dice -Yo lo llevo si gusta - Caminó adelante y nosotros tras él.

Hablé con el juez, le di la orden que llevaba y ya nos íbamos a regresar, cuando me dice el hombre - ¿Qué no eres tú, Manuel? Me sorprendió y le pregunté:

- ¿Cómo me conoces?-

- Te conozco a ti y a tu padre. Aquí está tu hermano y tu tío
Pedro-

- ¿Pues quién eres tú? -

- Yo soy el Chanate -

- ¡Oh sí!, espérame aquí, voy a encontrar a mi jefe y luego
platicamos -

Me dirigí hasta mi jefe con tan buenas noticias. Apenas habíamos caminado más o menos un kilómetro, cuando divisamos la gente que ya venía. Le rendí parte de mi comisión, y le platiqué que había encontrado a un conocido, que me decía que aquí estaba mi tío y un hermano mío. - Qué bueno y te felicito que hayas llegado con los de tu casa- Me contestó. - Luego que lleguemos, te vas a verlos-.

Para la media hora ya estábamos en el centro; allá estaba el Chanate esperándome, en la misma esquina donde lo había encontrado. Le enseñé los Cuarteles a mi Coronel y le dije - Yo voy a ver a mi gente- Me contesta -Vete, pero muy listo por las dudas, mientras mandamos una avanzada-

Me reuní con el Chanete, pasamos a la casa de mi hermano. Ahí estaban ya los muchachos del carretón de las barricas de agua, y dicen a su padre. - Este señor nos defendió de los soldados- Y le responde - Pues este señor es tu tío, hijo- Platicamos toda la tarde, luego pasamos a ver al tío Pedrito. Tanto mi tío como mi hermano se concretaron a darme consejos, diciéndome que no me convenía andar en ese peligro, que con el gobierno no se podía. Yo no les ponía mucho sentido, porque tanto mi tío como mi hermano, siempre iban a lado de los Federales.

Pasamos a la cena, y después de la cena les dije que tenía que ver a mi jefe para ver que órdenes había, y que después volvería. Salimos el Chanete y yo para el Cuartel; Ahí le regalé dos pesos para que les llevara algo a sus hijos. Entré a ver a Maycotte, le platiqué lo de mis familiares y preguntó - ¿En qué trabajan?- Yo le contesté - Tienen una marquetita y son músicos- Entonces mi jefe me dijo - Pues que nos vengan a tocar un rato y les pagamos- -¿A qué hora quieres que vengan? - - pues luego, para no estar tristes, y recordar de nuestra tierra, tú eres de aquí y yo también.- - Pues ahorita los traigo-

Me salí con ganas de encontrar al Chanate y con suerte lo encontré en la misma esquina y le dije - Fíjate prieto que el jefe quiere que le vayan a tocar y les paga bien- Al Chanate le dio gusto y me contestó - Vamos a traer a Don Pedrito y a Refugio- Le pregunté que tocaba él y me dijo que el trombón y que eran los fuertes del rumbo.

Para las nueve de la noche ya teníamos música en el Cuartel. Nos tocaron hasta las doce de la noche y les dieron treinta pesos a cada uno y se fueron muy felices porque ellos estaban acostumbrados a tocar por cinco pesos por piocha y toda la noche.

Nos acostamos un poco turumbatos. Al otro día muy temprano, nos cayó un aviso que Guajardo estaba llegando a Encinas. Como nuestra misión no era pelear, sino pasar la zona de peligro para llegar a donde estaba Don Pablo, almorzamos y luego salimos con rumbo a Lampazos, Naranjo, sin antes dejar unos espías para saber si nos seguían.

Como a las cuatro de la tarde, llegamos a la Hacienda de las Cruces o Santa Cruz; Ahí había teléfono para Lampazos. El jefe pidió una conferencia con el jefe de la plaza y al momento vino. Conferenció con Maycotte. Estuvieron hablando muy correctos y según parecía le dijo el jefe que necesitaba la plaza para otro día a las seis de la mañana, contestando el Federal que la plaza no la podía entregar, que estaba dispuesto a defenderla. Le dice Maycotte, muy bien allá nos veremos muy temprano y colgó la bocina, poniendo una guardia para que nadie la tocara.

Como a las once de la noche llegaron los espías que habíamos dejado en Progreso y nos dijeron que ellos habían salido como a las tres de la tarde, y el enemigo no llegaba. Como a las dos de la mañana salimos con rumbo a Lampazos, pero nos desviamos con rumbo a Rodríguez, Nuevo León, porque sabíamos que en dicha Estación había destacamento. Como los Federales cogieron la línea del ferrocarril, los seguimos por todo el riel hasta Barrancas, Nuevo León, o sea, las Iguanas. Ahí se nos arrimó un tren militar y lo devolvimos a balazos.

Del tren se bajó un trompeta muy bueno, se incorporó con nosotros; llamábase Alejandro Guzmán. Esto fue en Diciembre de 1913. Como de este tiroteo salimos con rumbo desconocido, como a las siete de la noche, llegamos s una ranchería y ahí nos quedamos.

Al siguiente día salimos con rumbo a Sabinas, Hidalgo. Supimos que ahí había voluntarios, pero no había remedio, había que pasar a como diera lugar. Nos quedamos antes de llegar a Sabinas. No queríamos pelear de noche para evitar confusiones. Al otro día muy temprano nos pusimos de acuerdo que había que atacar, pero si perdíamos, el punto de reunión era para la cuesta Mamulique. Ya estando cerca del pueblo, nos arrancamos a galope hasta la plaza; Ahí supimos que desde en la noche se habían salido al puerto. Compramos algo de comida y nos pasamos para el otro lado del río, para ver si bajaban del puerto.

Estuvimos hasta las cinco de la tarde, y no bajaron porque desde lo alto del cerro nos estaban divisando. Lugo salimos para la cuesta de Mamulique; Ahí los rancheros nos dijeron que no había pastura para la caballada, pero que en Rinconada si había suficiente y que si queríamos, uno de ellos nos llevaba.

Estuvieron conferenciando un rato, y al fin salimos, llegando a dicho rancho en la madrugada; Ahí estuvimos todo el día, debajo de un árbol grande. Se reunieron todos los jefes y estuvieron discutiendo. Yo no sabía que grado tenía cada uno de ellos, pero estaba Maycotte, que sabíamos que era Coronel por Villa. Estaba también Ildefonso Ramos, Fidel Morado, Paz Faz Risa que la hacía de secretario del jefe, un señor Salinas que también le decían Coronel y que yo no supe donde apareció y el Chino Rivera que le decían Capitán. Todos discutieron, no supe qué, hasta muy tarde; de rato me mandaron llamar y me dice:

-Mira Manuel, me vas a cuidar estos dos tales (a Salinas y al Chino) con lo más mínimo que les veas… Truénales!!! Y a la noche donde ellos se acuesten, tú también te acuestas y el primero que se levante en la noche, mátale y si es posible a los dos, y muy listo.-

Yo me quedé pensando, ¿Por qué será esto? Y luego me dice:

- Si ves que ensillan o se levanta, tú haces lo que te digo, y para que no sospechen que los vigilas, contigo hasta y desde ahorita, cuídamelos.-

Como siempre andábamos con nuestras carabinas, no sospechaban que los andaba vigilando, y me daba lástima con ellos, porque para dónde ellos andaban, yo aparecía y no dejaban de sospechar algo. Esa noche fueron a cenar, y como vieron que andaba yo muy cerca de ellos me invitaron, yo acepté la invitación, con la condición que yo pagaba la cena y me dicen, sí hombre, como tú quieras. Ellos se sentaron en un lado de la mesa y yo al otro extremo; Luego me dice Salinas: - ¡Qué Maycotte tan tonto !- Le pregunté, por qué lo decía y me dijo: - Porque se anda creyendo chismes de Ramos, yo comprendo que tú nos andas vigilando - No tengan pendiente les dije yo, pórtense bien y no les pasa nada, yo mañana hablo con Maycotte por ustedes y dice el Chino: - Yo quisiera que tuviéramos un combatito para demostrarle al jefe, quien es Ramos y quienes somos nosotros- le respondí al Chino -Para eso tiempo sobra, el detalle es salir bien con esta noche y yo les prometo que mañana cambia la situación- Confiamos en ti, me dijo. Acabamos de cenar y nos salimos, pagando yo. Esa noche roncaron toda la noche y yo la pasé en vela hasta que amaneció.

Como a las ocho, salimos con rumbo a Cerralvo. En el camino los dejé un rato solos para hablar con Maycotte y sin quitarles la vista, le platiqué algo de ellos.

-Yo no considero a esos hombres peligrosos, si no andan a gusto con nosotros, que se vayan a donde mejor les parezca- Y me dice Maycotte - ¡Ya déjalos! Ya me pasó el coraje, ya veremos cómo siguen- Volví con ellos, hasta que llegamos a Higueras, donde nos quedamos a dormir.

Otro día salimos para Cerralvo y me nombraron de vanguardia con diez hombres. Yo me adelanté mucho y nos metimos hasta la plaza. En una fonda estaba un caballo ensillado, nos arrancamos creyendo que era un voluntario. Al salir el dueño del caballo, resultó que era un íntimo amigo mío Don Gregorio Aguilar, viejo amigo que habíamos trabajado juntos en las minas de Rosita. Nos dimos un fuerte abrazo; Me dijo en lo que andaba y luego salimos a encontrar a Maycotte que ya venía muy cerca del pueblo, y resultó ser amigo de él también.

Platicamos como media hora y nos dijo que de aquí para adelante hasta Matamoros, había gente de nosotros, y que Don Pablo andaba para Tampico, pero que era probable que para cuando nosotros llegáramos, ya estuviera ahí.

Luego seguimos la marcha muy contentos para el centro de Cerralvo. Goyito recogió sus muchachos y se juntó con nosotros. No nos cansábamos de platicar con él sus aventuras y nosotros la travesía que habíamos hecho desde Torreón hasta aquí, no supe de donde trajeron gallo,un acordeón y una guitarra y tuvimos música toda la tarde; luego dice Maycotte, como no hay esperanza de que Don Pablo le mande carbón a Pancho, lo miso sale llegar tarde que temprano, hay que descansar unos dos días, para que se reponga la caballada.

Al otro día se comunicó a Matamoros. No supe con qué jefe. Y le mandaron un tren para que nos embarcáramos para ese lugar, Matamoros. Al tercer día ya estaba el tren en Herreras. Nos embarcamos ese día para otro día en la mañana, ya estábamos en dicho Puerto, pero como no había cuarteles en el pueblo, nos mandaron a un Rancho o Hacienda que le nombran Las Rusias.

Al segundo día de estar en dicho punto, nos dieron dinero, y nos fuimos a dar una vuelta a Matamoros, y como por desgracia o por desconocidos hubo un zafarrancho con los nuestros, en donde hubo un muerto y varios heridos y como a mí me tenían por bravucón, sin serlo, me echaron la culpa , sin tener vela en el entierro, y como castigo me mandaron esa noche al mar, a un rancho que le llamaban Bagdad, en donde desemboca el Río Grande al mar.

Ahí me tuvieron ocho días, sin deber yo nada; pero sí sabía quién había hecho el mal, pero no me podía rajar. Ya para salir a Laredo, me recogieron, y en el camino me dejaron en Camargo, para esperar un parque - ahí debía de pasar- y nunca pasó.

Al regreso de Laredo, me comunicaron que me reincorporara en Ciudad Mier. Al incorporarme, con mi jefe venía un muchacho y compañero que al presentármelo dijo que se llamaba Gustavo Rodríguez, y que era nativo de Mier; ahora es General; ahí estuvimos dos días, luego salimos para Agualeguas con rumbo a la cuesta de Mamulique y al brincar la cuesta nos dividimos, unos para la Estación de Pablo Blanco y otros para el puente de Morales, Nuevo León. En dicho lugar, tuvimos un combate muy reñido el 1o de Mayo de 1914 contra Federales; El 14 de Marzo de 1914, tuvimos otros combates, en Estación Salomé Botello contra Federales.

El 18 de Marzo de 1914 tomé parte en la toma de Monclova, Coahuila, contra federales; el 22 de Marzo de 1914, tomé parte en el combate de San Buenaventura, Coahuila, contra los voluntarios Federales de Guajardo; el 8 de Abril de 1914, tomé parte en el combate del Puente Morales, Nuevo León, por segunda vez contra Federales; el 11 de Abril de 1914, tomé parte en el combate de la Hacienda de Manuelique, Nuevo León, contra Federales. Del 20 al 22 , tomé parte en la toma de Monterrey, Nuevo León, contra Federales; del 11 al 13 de Mayo de 1914 asistí a la toma de la plaza de Tampico, Tamaulipas, contra Federales y después de dicha toma, descansamos tres días, luego nos embarcamos a Saltillo, Coahuila, para descansar otros tres días más para que comiera la caballada.

Ya estando en Saltillo, ahí nos acordamos de Pancho Villa, que habíamos dejado en Torreón, pero ni modo, ya no volvimos. A los tres días de descanso, nos volvimos a embarcar con rumbo a San Luis Potosí pero nos pasamos hasta Jaral de Barrios, donde descansamos; Después de algunos días, salimos por tierra, tocando algunos pueblos importantes, como San Felipe Torres Mochas; Dolores, Hidalgo; Empalme, Querétaro, San Juan Del Río, Tula y Lecherías.

Ya en La Goteras de México, nuestros jefes procuraron una conferencia con los Federales. Conferencia que estuvo a punto de fracasar, pues el enemigo demostró que no tenía buenas intenciones y tan así fue, que nuestros jefes conferenciaban, sus fuerzas efectuaban un movimiento envolvente, aprovechando la circunstancia de que había Federales en Teotihuacán y Otumba. Afortunadamente nos dimos cuenta del movimiento y logramos meternos entre ambas fuerzas. Aprovechando el cañón que hacían, en dos cerritos, que ahora se llaman "Pirámides de Teotihuacán".

Nosotros éramos como dos mil hombres, dispuestos a pelear en caso de que no llegaran a un acuerdo; Por fin se arreglaron en que entregarían las armas en Puebla de los Ángeles. Pasaron todos los Federales en nuestra presencia y nosotros seguimos tras de ellos con unas cuantas horas de ventaja. Cuando los Federales estaban entrando a Puebla, nosotros entrábamos a San Martín, Texmeluca, luego nos acercamos a Cholula, Puebla., y de ahí al cuartel de San Juan que estaba en las orillas del pueblo.

Empezaron a deponer las armas la mayoría de los Federales, quedando algunas partidas volantes, como Don Genovevo Almazán, Peláez, Cíntora y otros que no recuerdo, se adhirieron a los Zapatistas.

CAPÍTULO IV

Mis Batallas

Seguimos luchando.

El 2 de Septiembre de 1914, concurrimos a la toma de la plaza de Atlixco, Puebla, contra Zapatistas.

El 4 de Septiembre de 1914, asistí al tiroteo en Estación Teruel, Puebla, contra Zapatistas.

En Septiembre de 1914, concurrí al tiroteo en la Hacienda de San Nicolás Tolentino, Puebla, contra Zapatistas.

El 4 de Octubre de 1914, asistí al tiroteo registrado en Chetla, Puebla, contra Zapatistas.

En Noviembre de 1914, concurrí al tiroteo habido en San Martín, Texmelucan contra Zapatistas.

En Noviembre de 1914, concurrí al tiroteo habido en la Colonia Chípinque, Puebla, contra Zapatistas.

El 24 de Diciembre de 1914, tomé parte en el combate y defensa de Puebla, contra Villistas.

El 5 de Enero de 1915, concurrí al combate de Puebla, Puebla, contra Zapatistas y Villistas.

El 23 y 24 de Enero de 1915, concurrí al combate de Estación Irolo, Puebla, Cerro de Jaltepec y Las Flores Puebla, contra Zapatistas.

El 30 de Mayo de 1915 concurrí al tiroteo de la Colorada, Querétaro, contra Villistas.

El 6 y 7 de Abril de 1915, concurrí al combate del Guaje, contra Villistas.

El 13, 14 y 15 de Abril de 1915 concurrí a la Batalla de Celaya, Guanajuato, contra Villistas.

El 25 de Abril de 1915, concurrí al tiroteo habido en Silao, Guanajuato, contra Villistas.

El 26 de Abril de 1915, concurrí al tiroteo de los Sauces, Guanajuato, contra Villistas.

El 27 de Abril de 1915, concurrí al combate donde se efectuó tiroteo por el camino de León, Guanajuato, contra Villistas.

El 3 de Mayo de 1915, concurrí al tiroteo de la Hacienda de La Loza, Guanajuato, contra Villistas.

El 22 de Mayo de 1915, concurrí al combate de Nápoles, Guanajuato, contra Villistas.

El 21 y 29 de Mayo de 1915, asistí al combate del Cuchillo, Guanajuato, contra Villistas.

El 5 de Junio de 1915, concurrí al ataque y toma de la plaza de León, Guanajuato, contra Villistas.

En Julio de 1915, concurrí al combate de San Bartolo y La Rosa, Guanajuato, contra Villistas.

El 6 y 7 de Julio de 1915, asistí al combate del Cerro del Gallo, contra Villistas.

Del 8 al 9 de Julio de 1915, concurrí al combate en la Hacienda de El Retoño, Aguascalientes, contra Villistas.

El 10 de Julio de 1915, tomé parte al asalto y toma de la plaza de Aguascalientes, contra Villistas.

En dicha plaza nos dividimos; El General Munguía para Zacatecas y nosotros para San Luis Potosí, pero apenas llegamos a San Luis, nos embarcamos para Querétaro, porque habían aparecido los Villistas por ese rumbo.

El 27 de Julio de 1915, concurrí al combate del Cerro de la Marsicala, Guerrero, contra Villistas. Seguimos sobre ellos y el 29 de Julio de 1915, concurrimos al combate de Jerécuaro, Michoacán, contra Villistas.

El 12 de Agosto de 1915, concurrí al combate de San Juan Del Río, Guerrero, contra Villistas.

, Eulalio Gutiérrez, diciendo que se encontraba en el Rancho de Ramadero, en compañía de Lucio Blanco con unos cuantos hombres. El 17 de Agosto de 1915, concurrí al combate de Nopala, Guerrero, contra Villistas.

El 31 de Agosto de 1915, concurrí al combate de Agua Nueva y Encantada, Coahuila, contra Villistas.

El 4 de Septiembre de 1915, concurrí a la toma de Saltillo, Coahuila, contra villistas, y en dicha plaza se incorporó con nosotros el General, Luis Gutiérrez, denunciando a su hermano.

Salimos una noche con el General Eldifonso Ramos y Paz , aprisa, a dicho rancho, y para cuando se dieron cuenta de

nosotros ya los teníamos sitiados en la casa donde dormían. Yo
y el Capitán Encarnación Zamora, nos acercamos a la puerta,
sonamos y nos contestaron.

- ¿Quién es?

- Les contestamos -¡El supremo Gobierno!- y nos dijeron -
  bien, un momento-

Al rato salieron a la puerta y dijo uno de ellos -¿Con quién
tengo el gusto de hablar?- y les contestamos -con el Capitán
Flores y Zamora- y dice: -Todo esto que está en la casa favor
de respetarlo, lo nuestro son las armas y aquí están. Ya se
arrimó el General Ramos y Paz, se saludaron y salieron con
ellos con toda clase de garantías. En eso amaneció, y salimos
con rumbo a Saltillo, Coahuila. A los pocos días, salimos con
rumbo a Torreón y cómo dicha plaza estaba evacuada, parte
de la caballería nos pasamos hasta la Estación de Bermejillo,
Durango. Supimos que los Villistas estaban en Mapimi.

El 1 de Diciembre de 1915, asistí al combate en Loma y
Pedriseña, Durango, contra Villistas.

Del 1 al 4 de Enero de 1916, concurrí al combate en
Pedriseña, La Loma, La Goma, Avilés, Lerdo y Gómez
Palacio, Durango, contra villistas, habiendo salido herido del
brazo izquierdo por segunda vez.

El 8 de Enero de 1916, concurrí a los combates de Gómez
Palacio, Lerdo Y Avilés, Durango, contra enemigos
encabezados por Benjamín Argumedo.

El 20 de Enero de 1916, concurrí al combate de Las Cruces y Nazas, contra Villistas.

El 21 de Enero de 1916, asistí al combate en la Hacienda de Aviña y el Tongo, Durango, contra Villistas.

El 22 de Enero de 1916, asistí al combate, en San Pedro del Gallo, Durango, contra Villistas.

El 19 de Julio de 1916, concurrí al combate en el Chorro, Durango, contra Villistas.

El 28 de Julio de 1916, asistí al combate en Santa Rosalía Camargo, contra Villistas.

El 22 de Diciembre de 1916, concurrí a la defensa de la plaza de Torreón, Coahuila, contra Villistas.

El 2 de Enero de 1917, asistí al ataque y toma de la plaza de Torreón, Coahuila, contra Villistas.

CAPÍTULO V

La Pierna

Luego nos tocó guarnecer toda la Laguna y a mí, me tocó guarnecer, Santa Teresa, Coahuila y lugares circunvecinos. Como nuestras fuerzas, no mataban a los prisioneros villistas, estos empezaron a tenernos confianza y amnistiarse, varias partidas Villistas con nosotros, a la brigada Maycotte. Por ese motivo, el gobierno ordenó nuestro cambio y nos refundieron hasta Tabasco, a perseguir un mentado Torruco, que andaba haciendo males por ese rumbo. En ese estado, el clima y el paludismo afectó y diezmó nuestra fuerza, hasta que al fin, nos sacaron a Puerto México, repartiendo aquellos enteleridos, por toda la línea hasta Salina Cruz.

A mí me tocó en la plaza de Tehuantepec; ahí medio nos repusimos de nuestros males. Como a fines de febrero de 1918, nos reconcentraron al Puerto de Salina Cruz a todos aquellos enteleridos de la Brigada Maycotte. Un día nos embarcaron en dos barquitos chicos que se llamaban "El Corrigan"y "El Mariscal", que apenas enviamos quinientos hombres en los dos barcos.

Salimos con rumbo a Acapulco, con viento a nuestro favor, y antes de nosotros ya había salido otro barquito chico en donde iba el Coronel Antonio Martínez y el Coronel Luis Noriega Ceniceros con el cuerpo de excedentes. Para todo esto, las fuerzas que estaban en Acapulco y que pertenecían al General Silvestre Mariscal, estaban disgustados con el gobierno, porque se les debía seis meses de haberes. Llegó el General Maycotte y les dijo que si esa era la dificultad, que él llevaba dinero suficiente para pagarles, y que juntaran su gente para darles su dinero.

Nosotros nos encuartelamos en el puerto de San Diego, y el dinero lo puso en la Aduana, con escolta, al mando del Capitán Ernesto Castellanos, que aún vive.

Estaba en el puerto un Capitán artillero que ahora es General, se llama Juan Pablo Macías, desde luego se puso a las órdenes de nuestro jefe. En unos dos días ya había más de dos mil hombres mariscalistas en la plaza, empezaron a emborracharse y en tal estado se les ocurrió sacar el dinero de la Aduana, y como era natural, el Capitán Castellanos no se los permitió se echaron sobre la guardia, y se agarraron a balazos, y entre más, más llegaban mariscalitas; Hasta que el Capitán, mandó pedir auxilio. Entonces me mandaron a mí, con cincuenta hombres. Con toda rapidez salimos y al entrar al pueblo me encontré con el enemigo, y como iba delante de mí gente a los primeros disparos caí herido, con tan mala suerte, que me tocó quedar en medio de los dos fuegos.

Pero luego llegan el Coronel Martínez y el Coronel Noriega. Empujaron la gente y me sacaron del fuerte. Esto pasó el 17 de Marzo de 1918, luchando contra los mariscalistas que ya en los momentos que me salvaron a mí, habían terminado con la escolta que defendía la aduana, salvándose unos cuantos tirándose al mar, entre ellos el Mayor Porras y el Capitán Castellanos. El primero de ahogó y el segundo, tuvo la suerte de nadar hasta llegar a una lancha. Pudo remar con su misma carabina hasta ponerse a salvo con rumbo al fuerte.

El combate siguió entre más, más fuerte, y siguió con el día. Los mariscalistas eran muchos y los nuestros muy pocos y pensaban acabarnos. Como el enemigo era muy superior a nuestras fuerzas, el General acordó, quitarles a los marinos la comida y mandarlos a Manzanillo por refuerzo que sería nuestra salvación. Como los barcos hacían cuatro días de ida y otro tanto de regreso, tuvimos que luchar buenos y heridos, todos en sus fortines del puerto sin aflojar para podernos salvar. La única esperanza de salvación era que regresaran pronto los barcos con el auxilio.

En el fuerte en donde nos tenían encerrados, teníamos la desventaja, que al frente teníamos un enemigo muy poderoso y para la retaguardia el mar, por lo que no podíamos hacer ninguna retirada, si no esperar la muerte por hambre. Por momentos nos dejaban descansar y luego nos cargaban y siempre eran rechazados por los nuestros.

Así nos tuvieron ocho días, mientras tanto dándose la gran vida con el dinero que se habían robado de la aduana. Al decir ocho días de sitio, llegaron los barcos de regreso a Manzanillo, en los cuales venía el General Figueroa con otros quinientos hombres, porque no cabían más en los dos barcos. Tan luego pisó tierra su gente, luego los nuestros se echaron encima, sedientos de venganza y los echaron fuera del Puerto, y los persiguieron hasta el pie de la cuesta.

Ya para cuando los médicos tuvieron oportunidad de atendernos, muchos estábamos gangrenados por el inmenso calor que hace en dicho Puerto; Empezaron a morir en forma alarmante. Se da cuenta el General que yo estaba en peligro de muerte, viene y les dice a los médicos:

- Si este muchacho se muere, los fusilo a ustedes-

- ¡Pero mi General! -

- ¡Que nada, si este hombre se muere, los fusilo!-

Los médicos se empeñaron en salvarme, estando día y noche, conmigo, hasta que hubo junta de jefes y oficiales, para decirles que la única salvación era cortarme la pierna. Lo consultaron conmigo y yo no acepté, preferir morir, pero nadie quería que muriera, menos el General y yo seguía muy malo.

Luego me dice el General:

- Mira hijo, te van hacer una operación para sacarte los huesos quebrados y con eso vas a sanar-

Yo les digo - hagan lo que quieran menos mocharme-

Hoy te van a preparar para mañana - muy bien- dije. En la noche me estaban cloroformando, yo sospechaba porque veía mucha gente y enfermeras y hasta el general estaba presente.

Se acabó un frasco de cloroformo y no me podían dormir, yo les dije - Métanle así, que pueda ser lo que me van hacer- trajeron otro frasco y al fin me dormí por el efecto del cloroformo, despertando hasta al siguiente día.

Ya me sentía mejor, pero no me dejaban moverme, porque decían los médicos y las enfermeras, que estaba operado y que no debía moverme por muchos días. Día con día me iba sintiendo mejor. Mientras tanto, mis compañeros seguían a los mariscalistas en combinación con Figueroa. A los pocos días trajeron al Coronel Martínez, también herido de un pie y algunos otros compañeros más.

A los ocho días más o menos, yo estaba soñando que me machacaba un carro y me estremecí dónde estaba acostado; recogí los pies y hasta entonces me di cuenta que estaba mocho de una pierna. Me dio mucho coraje y sentimiento, metí mano a mi pistola que tenía en la cabecera para matar a los médicos y darme el mío en la cabeza, pero estaban tan listos, sobre todo la enfermera, que me agarró el brazo y empezó a gritar, luego se llenó el cuarto de jefes y oficiales y hasta el General. Me recogieron la pistola y ordenó el general que nadie se arrimara conmigo con pistola.

Yo los maltraté a todos y hasta al General, y les dije:

-Ustedes permitieron esto, pero si me alivio les voy a demostrar que entero y hoy mocho soy más hombre que ustedes en cualquier terreno-

Me siguieron atendiendo con más esmero porque me iba aliviando muy rápido, pero echaron malas los médicos, porque al enjutarse la carne de mi pierna amputada quedó de fuera como dos pulgadas de hueso y me supuraba el tuétano.

Los médicos tuvieron miedo hacerme otra operación y pusieron el pretexto que ahí no había elementos suficientes para atenderme, que en México si los había y que me mandaran a la capital. El General les dijo:

-Para mandarlo a México es necesario que vaya un médico para que lo vaya curando por el camino hasta entregarlo al hospital-

Se nombró un médico, nos embarcamos para Manzanillo. De Acapulco a Manzanillo hicimos cuatro días y el médico curándome de diario. No supe qué dificultad hubo en el camino, que tuvimos que permanecer en Guadalajara dos días y de ahí salimos hasta la 'Capital. Me llevaron al hospital y me entregaron con el Doctor Vertiz, muy buen médico por cierto.

Me estuvieron preparando para la segunda operación. En esos días llegó a México un amigo mío que cuando salimos para Guerrero se había quedado en Tapachula. Ese amigo era el General Fidel Morado, de Múzquiz, Coahuila. Supo que yo estaba en el hospital y me fue a ver; estuvimos platicando mucho de nuestras aventuras y al despedirse me dio cien pesos y quedamos que antes de regresar a Tapachula, nos volveríamos a ver.

El tercer día compré el periódico en la mañana. Cuál sería mi sorpresa que mi General Morado había muerto en la noche, víctima de la influenza española. Tan luego vino el Doctor Vertiz, le pedí permiso para ir a ver a mi amigo, que a él mismo, dos días antes le había presentando.

El bondadoso Doctor no tan sólo me dio permiso, sino que me dio un Oficial para que me acompañara. En la tarde regresamos al hospital. A los tres o cuatro días de haber muerto el General también murió su Secretario del mismo mal, de la influenza española, y quedó la mujer sola.

Siguió la mortandad, y lo peor del caso que habiendo tanto médico en la ciudad no le hallaban remedio en la ciudad (no faltó quién dijera que el mezcal con limón era bueno) pero no se supo lo cierto.

Yo había escrito a mi casa diciéndoles que estaba herido en el hospital, y que no tuvieran pendiente, estaba mejorcito. Ellos contestaron diciéndome, que mucho lo lamentaban y que esperaban en Dios que pronto sanara, y que ellos estaban pasando por una crisis espantosa con la mentada enfermedad. Que ya había muerto una de mis hermanas y que esperaban que de un momento a otro cayeran los demás. Por toda contestación, le mandé a mi familia los cien pesos que me había dado el difuntito y ya no volví a saber más de ellos.

Había un Teniente Coronel muy abusado en la sala de oficiales; se le llamaba Candarilla o Alcántara, y me propuso que le cobrara al gobierno mis bonos que me debía, para que pudiera ayudar a mi familia. Él me hizo el oficio y lo mandé. A los cuantos días me contestaron diciéndome "Enterado de su oficio fecha tanto, no se le puede conceder lo que solicita, hasta al tanto no estar el erario en mejores condiciones".

Ya no volví a tocar ese punto. Pasaron los meses y los médicos no podían parar la superación del muñón. A los cuantos días acordaron hacerme otra operación. Como ya tenía mucha confianza con ellos, me dijeron lo vamos a preparar para cortarle otro pedazo de hueso que le sobra, para que pueda sanar.

Yo de guasa les contesté: móchenle lo que quieran, nomás el pescuezo no. A los pocos días me operaron, no me cortaron, me abrieron el muñón, cortaron como dos pulgadas de hueso y me volvieron a coser.

De esta operación duré como cuatro meses para sanar, pero quedé ya mejor, como quiera me pasé como nueve meses desde 1918 y parte del 19. Al salir del hospital me dio el Doctor Vertiz el certificado respectivo. Con el mismo me presenté al Secretario de Guerra, que si mal no recuerdo, era el General Francisco L. Urquizo, y me dice:

-Compañero, la ordenanza General del Ejército prohibe que usted permanezca en servicio activo y por lo tanto, debe formular su hoja de servicio para pensionarlo- Yo le contesté:
- Mi general, de 1911 a la fecha, tengo muchos combates que referir, pero desgraciadamente no recuerdo las fechas, pero creo que en el archivo de mi brigada ahí estén.

- Exacto, tiene usted razón y por lo tanto venga usted mañana para darle sus pagos de marcha y su pasaje para que salga a incorporarse que le formulen su hoja de servicio para pensionarlo, haciendo la solicitud por conducto de la jefatura de su cuerpo a que pertenezca-.

Al otro día como a las diez me presenté y me dice el General - está por salir un Teniente Coronel con destino a Acapulco, tiene un barco en Manzanillo a su disposición, conviene que se acompañe con él, para que no tenga que esperar otro barco y para esto mañana a la misma hora se lo presento para que se pongan de acuerdo. Por ahora pase a la pagadora para que le den dinero y mañana lo espero-.

Al otro día me presenté y el primero que voy viendo qué al Teniente Coronel Moyano que ya conocía. Nos saludamos y nos pusimos a platicar, me dice - Yo salgo para Acapulco por Manzanillo, tengo un barco a mi disposición, si tú quieres nos vamos juntos- yo le contesté - pues a ver que dice el General Urquizo, quedamos de vernos ahora.

En eso estábamos cuando entra el General. Al ratito llamó a Moyano y luego a mí y me dice:

-Aquí el Teniente Coronel sale para Acapulco y he creído prudente que vayan de compañeros, así que pónganse de acuerdo para la salida. También sale el pagador con fondos que los espera en el puerto para que salgan en el mismo barco-

Y luego le preguntó a Moyano - ¿Cuándo estará usted listo? - contestando - Hoy, este día, para salir a la noche-

-Muy bien, y feliz viaje -

Ese día yo recogí una pierna de cuero que me había mandado hacer el General Maycotte, estaba muy bonita, pero a mí no me gustó nunca. Ese día no salimos, no supe los motivos, pero el siguiente día sí y para los tres días ya estábamos en Manzanillo, ahí estaba el pagador, pero como había que embarcar todo lo que Moyano llevaba, como zapatos, vestuario para la tropa y oficiales, carrilleras y otras cosas y mucho parque nos tardamos dos días más.

A mí se me acabó el dinero y le eché un préstamo al pagador. Él no quería muy bien y le puso un telegrama al General; al momento le contestó diciéndole que me diera lo que yo quisiera. Me entretuvo como dos horas por treinta pesos que yo le pedía, yo no sabía las causas pero al rato vino muy cariñoso y me dice:

-¿Cuánto necesita?-

- Ya le dije a usted que treinta pesos-

-Pues yo le voy a dar cien-

- ¿Y por qué?-

- Porque tengo órdenes de darle a usted lo que pida-

- Pues yo le pido treinta- y me dice:

- Por favor, coja los cien porque es esa la orden del General-

-¿Con qué lo prueba? - Entonces me enseña el telegrama.

El telegrama decía: "Dale al Mayor Flores lo que pida y cárguemelo a mí". Esto me sirvió de mucho para no llegar a Acapulco bruja. Duramos cuatro días en el mar, con muy buen tiempo. Al llegar ya sabía el Coronel Martínez que en dicho barco venía yo. Me llevó la música al muelle con sus oficiales, y mucha sidra.

Yo me sentía muy avergonzado, pero como del Muelle nos fuimos a la cantina que ya estaba preparada, les pregunté: - ¿Por qué era tanta fiesta?- Entonces me dijeron - Porqué había vuelto a nacer y mis amigos tenían mucho gusto y que esa fiesta era por cuenta de ellos-.

Viendo el pagador la parranda que aquellos hombres tenían, se presentó a la cola y dijo - Lo que pida el Mayor

Flores, yo pago- Y dijo el Coronel Martínez - Él no debe pedir nada, lo que hay aquí es para él, para usted y para todos nosotros, por lo tanto a usted le damos las gracias, y lo invitamos para que esté con nosotros este día-.

Todos se pusieron bien "pandos", menos yo, porque para cuando yo me tomaba una sidra, ellos se tomaban de a cinco a seis cervezas y la música tocando. No se trataba más que dé mis huesos, porque decían que yo había resucitado, que los médicos que me operaron estaban muy asustados porque les había dicho el General, que si me moría los fusilaba a ellos. Que la noche de la operación, le habían jugado el todo por el todo. Que la noche de la operación a las nueve de la noche y que para el otro día a la misma hora aún no volvía y que los médicos no se apartaron de mí en toda la noche.

Todo esto me platicaron y entrándole a la cerveza estuvimos todo el día y parte de la noche hasta que nos retiramos a descansar.

Como estuve en el Puerto ocho días, se fue el pagador para Chilpancingo, en donde estaba el Cuartel General; Dicho pagador platicó de la fiesta que me habían hecho y que me habían emborrachado. Esto le pareció muy mal al General y ordenó que me trasladaran a Chilpancingo. El Coronel Martínez me regaló un caballo muy maniste y con magnifica montura.

Salimos a dicha plaza, con una buena escolta a los tres días ya estábamos en Chilpancingo. Me recibieron con mucho gusto, pero ahí no hubo cerveza. Platicamos mucho de lo que me había dicho el General Francisco L. Urquizo en

México con relación a mi hoja de servicios y mi pensión. Y me dice el General - Al pensionarte tendrás que irte, y nosotros queremos tenerte aquí, pero ya veremos cómo le hacemos-

Pasaron los días y hasta los meses y no sabía en qué había quedado la hoja de servicios. Volví a recordarle al General, y me dice - En el 18o Regimiento hay un Capitán que fue Federal y él sabe de estas cosas-

Yo le dije - ¿Quién es ese Capitán?-

- Epigmenio Q. Rocha y con los datos que nosotros le demos, la puede hacer- Y así quedaron las cosas.

La gente de ese regimiento era mi gente que yo tenía desde 1916 bajo mis órdenes hasta que me hirieron en Acapulco; Ese regimiento estaba guarneciendo, desde Petlatán hasta la Unión, y la mandaba el Coronel Rogelio Flores desde que yo salí herido.

Un día atacó el rebelde Síntora la guarnición de la Unión que estaba a las órdenes del Chino Rivera, muy hombre por cierto; entonces el Coronel Rogelio, en lugar de darle auxilio a Rivera como era su deber, se retiró hasta el Cayacal. El General riéndose me dijo.

-¿Ya supiste lo que le pasó a tu gente?-

- Supe, pero no culpe a mi gente, la culpa la tiene el Coronel por cobarde, que no supo cumplir con su deber. Me voy a ir con mi gente, para probarle que lo que les falta es jefe, y vamos a ver si me corren esos encuerados-

Y me dice - Yo voy a ver cómo estuvo esto- Y le dije que yo también. El General no quería llevarme, pero yo ensillé mi caballo y salí tras ellos. Al llegar a dos caminos, para no llegar a Acapulco, hicimos una travesía, para salir a San Jerónimo. En esa travesía encontramos un río crecido; Querían devolverse para esperar que bajara y otro día seguir la marcha. Yo me arrimé con ellos y les dije - ¿Qué pasa? - Dice el General:

- ¿No ves que está crecido el río? Hay que esperar que baje un poco-

Yo les dije - ¿Si vinieran tras de ustedes esperarían?-¡ Vamos, adelante!- Y me dejé ir yo primero, con mucho peligro, pero pasé y les decía, vénganse. Como yo les había puesto la muestra y estaba solo al otro lado, no tuvieron más remedio que arriesgarle. Ya como a las cinco de la tarde estábamos todos al otro lado, todos mojados, pero pasamos, echándome a mí la culpa de la mojada.

Al otro día ya estábamos en San Jerónimo; Muy temprano nos pasamos a San Luis de la Loma y ahí dormimos. Al otro día salimos para "El Cayacal" y ya se había regresado el Coronel Rogelio a Petatlán y nosotros ahí nos quedamos.

Al siguiente día salimos a Petatlán; Mis muchachos me recibieron con mucho cariño y me platicaron como ha estado la retirada sin causa justificada. Y lamentando la derrota del Chino por falta de auxilio; Que se les había acabado el parque con dos días y dos noches de combate y que habían dejado al charrito, mi compadre, muy mal herido y sin poderlo sacar.

Otro día salimos para Zihuatanejo, y le platiqué al General, lo que me habían platicado los muchachos y el Chino Rivera también le platicó como había estado y toda la culpa se le echaba al Coronel Rogelio.

Yo le había dicho al General que me quedaba con los muchachos y no me dijo ni sí, ni no, pero al regresar a Petatlán, José García y Sotelo Martínez, hablaron con el General y le dijeron que así mochito me querían y que ellos se comprometían a no abandonarme nunca.

El General parece que no les resolvió nada a los Capitanes, pero luego yo le dije.

-Mire mi General, aquí está el Capitán Rocha que es el jefe del tal regimiento, del que tratábamos que él podía formular mi hoja de servicio con los datos que usted le mande y los que tenga aquí el regimiento me puede formular mi hoja de servicios.-

-Usted sabe que este regimiento era mío desde 1916 y por tal motivo debe haber datos que yo necesito para mi hoja-

-A ver, háblele al Capitán Rocha-

-¿Usted puede formular la hoja de servicios del Mayor Flores?-

- Cómo no, con los datos que usted me dé y con los que haya en el regimiento, pues según he sabido esta gente era de él-

-Pues aquí se lo voy a dejar para que le haga su hoja-

Así fue como me quedé en Petatlán y hasta el practicante que me seguía curando, porque según los médicos y el General, se les había puesto en la cabeza que me estaba volviendo yo, neurasténico, loco y que necesitaban inyectarme de diario, por ese motivo también se quedó Carlitos Jiga, un japonesito que habíamos traído de Salina Cruz como enfermero.

Como ya me conocían por referencias en el pueblo, por mis soldados; luego nos dieron un cuarto gratis para mí y el doctor que era Carlitos Jiga.

Salió el General para Chilpancingo, y yo me quedé con mis muchachos muy contento porque me había quedado con ellos. A los pocos días el Capitán Rocha empezó a recabar datos para mi hoja de servicios, y me pedía mi acta de nacimiento, que para mí era muy difícil. Él mismo me hizo una carta para mi hermano que estaba en Progreso, Coahuila, solicitando me recabara lo más pronto que le fuera posible el acta y me la mandara.

Esto tardó como tres o cuatro meses, pero al fin vino dicha acta. Al parecer íbamos muy bien, con los datos que estaban obteniendo el Capitán Rocha. Terminó el año de 1919 y entra el 1920. A los cuantos días de Enero, recibimos unas fotografías de Don Venustiano que hasta la fecha la conservo. Ya se rumoraba la propaganda de Obregón para Presidente de la República teniendo como adversario al ingeniero Bonilla.

Voló el tiempo como nada, y un día recibió un telegrama el Coronel Rogelio Flores, del Cuartel General, diciéndole que estaba con nosotros el General Obregón y que ya éramos Obregonistas.

Como el Coronel me tenía desconfianza o miedo, no quería decirme nada, y me mandó el telegrama a ver que decía yo, me enteré de dicho telegrama, y me fui a su casa a platicar de esto.

-Mi Coronel, si yo fuera el Jefe del Regimiento yo diría ésto se hace, pero como usted lo es, usted debe decidir lo que mejor convenga. Mi opinión es ésta: Las armas nos las dio el gobierno para defenderlo no para matarlo. Si somos lo que somos es por él-

-¿Qué éramos los de Coahuila antes de la Revolución?-

- No éramos nada. Ahora que somos clases ¿lo vamos a traicionar?-

-Esto es una infamia y por lo tanto usted tiene la palabra-

Me pelaba los ojotes muy grandes y me dice:

-¿Qué contestamos?-

-¡Lo que usted quiera!-

- Antes de contestar, hay que ver a Pancho Pérez, y tú le dices lo que me acabas de decir a mí, vamos luego le digo yo-

Mandamos ensillar y salimos para San Jerónimo, a esas horas con veinte hombres de escolta, para otro día en la noche ya estábamos con el General Pancho Pérez en San Jerónimo.

Como llegamos al oscurecer, platicamos sólo hasta muy noche de cosas hasta que nos dice el Coronel:

-Dile al General lo que tú me dijiste a mí en Petatlán- Y me dice - ¿De qué se trata? -

- Pues sabe mi General, que mi Coronel trae un telegrama y necesitamos su opinión para contestarlo- Se lo dimos y nos dijo - el mismo que yo tengo - ¿Qué opinan ustedes?-

Yo le dije - Mi General, si somos lo que somos es por Don Venustiano, y si ahora lo traicionamos por ese mocho desgraciado, es una infamia, por lo tanto, yo no estoy de acuerdo, pero como ustedes son mis jefes, tienen la palabra-

Dice el General - Exactamente, yo estaba con el mismo problema, pero viendo que tú eres de la misma opinión, por lo tanto te felicito. ¿Y usted que dice mi Coronel? -

- Pues no, tiene razón el Mayor y lo que ustedes digan yo estoy de acuerdo, el problema es formular lo que vamos a contestar-

Dice el General - pues la contestación es ésta, a ver qué les parece-.

"Enterado de su telegrama digo a usted lo siguiente: El gobierno de Carranza el cual tengo el honor de pertenecer, nos dio las armas para defenderlo, y no para traicionarlo. Por lo tanto yo como fiel soldado del mismo, debo permanecer inactivo, hasta el tanto se arreglen las cosas"

Esto dijo el General. Nosotros lo aprobamos, y así quedamos que se iba a contestar.

Seguimos haciendo comentarios de Obregón y del Sr. Carranza, pero ni para cuando cambiar a un Coahuilense por un Sonorense, siendo el primero nuestro gran jefe, amigo y paisano del estado de Coahuila, y para nosotros era nuestro Padre, que nos había hecho hombres en lo más duro de la lucha.

Desde ese momento nosotros quedamos entre la espada y la pared, pero nunca nos imaginábamos que todos aquellos hombres que él había hecho generales, los había colmado de bienes, que los quería como hijos, como Don Pablo González y otros muchos, lo fueran a traicionar.

No fue todo eso, sino que hicieron pacto común, con los verdaderos enemigos de la causa, como fueron los *Felícistas, Don Genovevo, Almazán, Peláez, Síntora, Alberto Guajardo y Herrero, que fue quien lo vino asesinando. No obstante haber jurado lealtad hacía unos cuantos días, y haber recibido armas, parque y dinero, para luego con sus mismas armas quitarle la vida, a un gran hijo de la Patria.

*Felicistas: Los felicistas fueron partidarios de Félix Díaz, sobrino del ex presidente Porfirio Díaz, quien se opuso a los gobiernos de Madero y Carranza en las rebeliones mexicanas entre 1913 y 1920.

Como esto terminó en ocho días, nosotros esperábamos las consecuencias, máxime que el chino Rivera, se vino de la Unión con su gente para Michoacán, en donde cayó en manos de los Obregonistas, siendo de nuestra propia corporación.

A los pocos días nos reconcentraron a Puebla de los Ángeles. Al General Pancho Pérez lo metieron al bote. Al Coronel Rogelio, lo mandaron a Tehuacán de las Granadas y al poco tiempo refundieron al regimiento y a él lo mandaron a México, a la vaciada como le decían a los excedentes. A mí tal vez por lástima, me dejaron comisionado en la jefatura de operaciones.

Yo por conveniencia propia, y con la esperanza de recabar mi hoja de servicios, para seguir reclamando mi pensión, seguí prestando mis servicios en diferentes comisiones que desempeñé sin estar en servicio activo, ya estando en Puebla, el 20 de Agosto de 1920 me ordenaron que saliera a Tehuacán, haciendo escala en Amozoc, Tepeaca, Tecamachalco y Hacienda Tepango.

Ya estando en Tehuacán, el 30 de Agosto de 1920 me ordenaron que saliera a establecer los destacamentos en los lugares indicados, el segundo escuadrón en Cuscatlán, Estación de Venta Salada, Hacienda de Tilapán. El tercer escuadrón, La Plaza de Chilac y el cuarto escuadrón los pueblos Zoquitlán, Xoxocotla, Coyomeapan, regresando a Tehuacán con doce hombres de escolta.

El día 4 de Octubre de 1920, se nombró interventor por el Ramo de Guerra al 103 Regimiento de Caballería frente al cuartel del Carmen.

El 20 de Junio de 1921, se me da orden escrita que a la letra dice:

"Se le concede el pasaporte al Mayor Manuel Flores, que marcha a la plaza de Puebla, conduciendo a un Oficial procesado, en tal virtud las autoridades civiles y militares no le pondrán embarazo en su marcha, dándole las garantías necesarias en su viaje. etc."

El 19 de Abril de 1921, se me fija un plazo de 75 días para que remita documentos a la Secretaría de Guerra y Marina. *"Con Fecha 22 de Mayo de 1921, hoy me permito acompañarle en 14 hojas útiles mi hoja de servicios, formada en el 18o Regimiento de Caballería, al que tengo el honor de pertenecer, suplicando a usted de la manera más atenta, se me acuse el recibo correspondiente".*

El 27 de Diciembre de 1921, me dicen: *"Esta secretaria ha tenido a bien disponer, que con fecha primero del actual cause usted baja en el Estado Mayor de la Primera Brigada de Caballería de la Jefatura de Operaciones Militares en los estados de Puebla y Tlaxcala, y alta con igual fecha en el mismo Estado Mayor de la propia brigada"*

El 28 de Septiembre de 1921, me comunican diciéndome: *"Esta jefatura de operaciones militares, ha tenido a bien, nombrar a usted interventor por el Ramo De Guerra en la Revista de Administración que los primeros cinco días, del entrante mes de Octubre, debe pasar en Tecamachalco, Puebla, el 28 Regimiento de Caballería, que es a las órdenes, del C. Coronel Jacobo Villalobos Reyes, se lo comunico a usted, para su conocimiento y efecto".*

Con fecha 15 de Julio de 1921, me comunican que con fecha primero del corriente causa baja del 18o Regimiento y quedé comisionado en esa Jefatura de Operaciones.

Con fecha 26 de enero de 1922, me comunican que marcho a la plaza de Ocotlán, Oaxaca con el objeto de intervenir por el Ramo de Guerra en la Revista de Administración, que pasara en los primeros días del entrante Febrero, el 28 Regimiento de Caballería que es a las órdenes del C. General Brigadier, Antonio Martínez.

Con fecha 31 de Enero de 1922, se me nombró, Interventor por Guerra, para que reconozca las prendas de vestuario del 28 Regimiento de Caballería, cuya baja fue solicitada en el acta, que con carácter devolutivo se acompaña. Con la misma fecha, 31 de Enero de 1922, se me nombró interventor en la entrega que del *detall, del 28 Regimiento de Caballería, que hará el C. Mayor Salvador Miramontes, al C. Mayor Juan Pablo Macías.

*Detall: es la oficina de archivo, partes y papeleo de un cuerpo militar de tropa. También se llama oficial de detall, o simplemente detall, a cierto tipo de oficial militar subalterno, habitualmente encargado de labores burocráticas y administrativas, como el despacho de correspondencia.

Con fecha 21 de Septiembre de 1922, le ordenan al Teniente Juan González, que haga entrega de esta jefatura de operaciones, al C. Mayor Manuel Flores, con intervención del igual empleo Juan Vázquez.

Con fecha 24 de Abril de 1922, se me comunica que la Secretaría ha tenido a bien disponer, en vista del estudio que de los antecedentes respectivos hizo la comisión superior revisora de hoja de servicios, que con la antigüedad de 11 de agosto de 1916, se le reconozca el empleo de Mayor que en la actualidad ostenta en el ramo de Caballería, el C. Manuel Flores Solís, quien actualmente se encuentra en la primera Brigada de Caballería en la Jefatura de Operaciones en el Estado de Oaxaca, en el concepto de que se le dispensa por seis meses la presentación de su patente.

Con fecha 19 de Septiembre de 1922, me ordenaron que interviniera en la entrega de Archivo de esa Jefatura, al Mayor de Caballería Salvador Miramontes con intervención del C. Mayor del Arma Manuel Flores Solís, se lo comunico a usted para su conocimiento.

Con fecha 17 de Octubre de 1922 me dicen lo siguiente: *"Esta Jefatura de Operaciones Militares en acuerdo de hoy, ha tenido a bien disponer, se declaren insubsistentes las órdenes 41-23 giradas por la misma, con fecha 19 de Septiembre anterior, en lo que se dispuso, que con la del 21 del próximo mes, el C. Mayor de Caballería Manuel Flores Solís, causara baja en el Estado Mayor, de la primera Brigada del Arma y alta con igual fecha en el tren de la división como conductor general de equipaje, en cuya virtud, deberá quedar el interesado en la misma situación en que estaba antes de efectuarse el movimiento que se menciona, se lo comunico a usted para su conocimiento".*

Con fecha 15 de Mayo de 1923 me comunican que esa fecha se ratifican las órdenes relativas al C.Mayor de Caballería Manuel Flores Solís, en el sentido de que queda comisionado, en la 22a Jefatura de Operaciones de la República.

El 25 de Junio de 1923, me comunican lo siguiente: *"Esta Jefatura de Operaciones Militares en acuerdo de hoy, ha tenido a bien nombrar a usted por el Ramo de Guerra, en la revista de Administración, que pasará en los primeros cinco días entrantes mes de Julio el 18o Regimiento de Caballería, que se encuentra en la plaza de Ejutla de Crespo, Oaxaca. Se lo comunico a usted, para su conocimiento y efecto".*

Con fecha 26 de Julio de 1923, me dicen lo siguiente: *"Esta Jefatura de Operaciones Militares en acuerdo de hoy ha tenido a bien nombrar a usted por el Ramo de Guerra, en revista de Administración que pasará en los primeros cinco días del entrante*

Agosto, el 27 de Regimiento de Caballería que se encuentra en la plaza de Teotitlán del Camino, Oaxaca. Se lo comunico a usted para su conocimiento y fines consiguientes".

Con fecha 4 de Agosto de 1923, digo lo siguiente: *"Al C. Coronel Jefe Accidental del Estado Mayor presente. Tengo la Honra de remitir a usted adjunto al presente, un legajo de listas de revista de Administración que pasó el 27 Regimiento de Caballería, el día 2 del actual. Y para cuyo acto, fui nombrado interventor por el Ramo de Guerra según número 26-47 girado por esta propia Jefatura de Operaciones Militares, habiendo faltado al acto, el soldado Porfirio Guzmán, del primer escuadrón. Tengo el honor mi Coronel, de hacer a usted presente mi subordinación y respeto".*

Con fecha 20 de Agosto de 1923, me comunican lo siguiente: *"Al C. Teniente Coronel de Caballería Manuel Flores Solís, la Secretaria de Guerra y Marina 184651/43030 girado el 8 del actual por la sección primera, mesa cuarta, Departamento de Caballería, dice a este Cuartel General lo siguiente. Por acuerdo del C. Presidente de la República, esta Secretaria, que con fecha 1 de Julio último, se ha ascendido a grado inmediato al C. Mayor de Caballería Manuel Flores Solís, quien actualmente se encuentra comisionado en la 22va Jefatura de Operaciones Militares, en la República y se le expida la patente respectiva, dispensándole por seis meses, la presentación de la misma para la percepción de sus haberes, lo que le serán ministrados por conducto de la pagadora correspondiente, con cargo a la partida #6951 del presupuesto de egresos en vigor, lo que transcribo a usted, para su conocimiento y efecto. Reiterándole las seguridades de mi consideración, atenta y distinguida".*

Con fecha 26 de Septiembre de 1923, se me comunica lo siguiente: *"Al C. Teniente Coronel Manuel Flores Solís, esta Jefatura de Operaciones Militares en acuerdo de hoy, ha tenido a bien nombrar a usted, interventor en la Revista de Administración, que pasara en los primeros cinco días del entrante mes de Octubre, el 18o Regimiento de Caballería que se encuentra en la plaza de Ejutla de Crespo de este Estado. Lo comunico a usted, para su conocimiento y efecto".*

Con fecha 23 de octubre de 1923, digo lo siguiente: *"Tengo la honra de remitir a usted, un legajo de listas de Revistas de Administración, que pasó el día 2 del actual, el regimiento 18, en cuyo acto intervino por el Ramo de Guerra en cumplimiento a su superior oficio #34-22 fechado el 22 de Septiembre próximo pasado, habiendo faltado al acto citado, los soldados, Natalio Nava, del tercer escuadrón y Jesús Santos del segundo escuadrón. Tengo el honor mi General de hacer a usted presente mi subordinación y respeto. SUFRAGIO EFECTIVO NO REELECCIÓN, Oaxaca de Juárez, a 3 de octubre de 1923. El Teniente Coronel de Caballería, Manuel Flores Solís".*

Y cada vez que era oportuno le decía al General de mi retiro, que ya no quería ser más soldado. Sentía tanto odio para Don Adolfo, Obregón y Calles, lo mismo que para él. Él personalmente, por la muerte de Carranza, tan vilmente asesinado. Así seguí pugnando por mi retiro.

CAPÍTULO VI

Mi retiro

Un día me dijo el General:

- Ya se mandó tu hoja de servicios para su revisión-; Y a los cuantos meses me dijo - Ya estudiaron tu hoja de servicios y sé que te van a ascender al grado inmediato-

- ¡Yo no quiero ascenso, yo quiero mi retiro!-

-¡Cómo eres rebelde, tonto!-

- Yo de ese mocho tal, no quiero nada -

- ¡Qué bárbaro es mi compadre! -

- Pues ya verá con qué le paga su compadre por haberle perdonado usted en Chilpancingo, teniéndolo en sus manos-

- Ya vas por otro lado-

- No mi General, yo lo que quiero es irme, pero pensionado, porque creo merecerlo-

-Mira loco, el mes que entra voy a mandar al Coronel Enríquez a México y entre otras cosas de importancia, lleva el tuyo-

-Muy bien, gracias-

Pasaron los días y yo andaba muy listo, para cuando saliera el Coronel Enríquez, para recordarle. Un día me dice el jefe de Estado Mayor.

-De mañana a pasado sale el Coronel, acuérdale al General de tu asunto-

Pase a ver al General y le dije.

- Sé que sale el Coronel y vengo a recordarle, lo de mi retiro-

- ¿Qué, siempre nos quieres dejar? Ahí viene la otra y entonces nos emparejamos -

- Yo no quiero otra, yo me quiero retirar -

- Bueno, a ver si hay tiempo -

Salió el Coronel Manuel F. Enríquez a México y me dice ya llevo su asunto. Pasaron 15 o 20 días; A mí se me hicieron años, al fin vino el Coronel y yo lo fui a ver a su casa. Y me dice - De su asunto, no hubo nada, porque dicen en la Secretaría que como está recién ascendido a Teniente Coronel, no se le puede dar la pensión, hasta que no cumpla un año de servicio con el grado que ostenta-

Yo le digo - ¿Quién dice que estoy en servicio?

- Desde luego que está usted comisionado en la Jefatura, está en servicio-

Me vine muy desconsolado, a pedir su opinión del General. Al otro día me presenté a la Jefatura ya como a las once del día. Ya el General había rendido su informe de la Comisión que había llevado a México. Me llama el General y al verme me dice.

- ¿Ya te platicó Enríquez, cómo está tu asunto?-

- Sí, ya me platicó -

- Mira hijo, yo voy a ir a México y hablo con mi compadre de tu pensión-

Yo le dije - Dígale a su compadre que yo no quiero ascensos, que quiero mi pensión para irme al tal -

Pasó un mes, pasaron dos, y el General no se iba para México. Ya me habían empezado a pagar como Teniente Coronel, y como era natural, a mí me convenía, porque me daban más dinero. Al fin salió el General, y yo siempre le recordé mi asunto. Quedando como jefe de las operaciones interinamente, el General Fernando Reyes.

Pasaron días, y un día me dijo Reyes.

- ¿Cómo ves mocho? Ahí viene el otro trancazo y en ésta llegas a Coronel-

- ¿Qué trancazo me dices? -

- ¿Qué, no sabes?

- Yo no sé nada -

- Pues qué escaso estás de noticias-

- Tú que sabes mucho, platícame algo -

- Ahora que venga el viejo, nos ha de traer algo -

- ¿Como de qué? -

- No sabes que Don Adolfo de la Huerta ya lanzó su candidatura para Presidente-

- Eso no es nuevo, todo mundo lo sabe-

- Sí pero, se espera que haya bola-

- No mi General, Don Adolfo, Obregón y Calles, son tres bandidos que no hay a cual ir -

- Pues no tardamos mucho sin saber a cuál vamos -

- Pues yo no voy a ninguno, porque tan chivo es el pinto como el colorado -

- Pues ya veremos cuando venga el General-

- Pues ojalá que venga pronto -

En esos días hubo una dificultad entre el General Reyes y el General Villarreal Bustos, y querían que yo fuera testigo de hechos, pero yo no admití, porque no sabía quién de los dos tenía la razón. Como todos los jefes y oficiales teníamos que presentarnos a recibir órdenes, nos damos cuenta que el General Reyes y el Gobernador, se visitaban todos los días, y a nosotros nos hablaban muy amables, algo sospechamos.

Un día me llamaron y me dijo el General Reyes.

- Vaya usted a Teotitlán del camino a visitar al Teniente Coronel Virgilio Reyes, le trata de la política, para ver a qué lado se inclina-

Y me dice que procure ir reconcentrando sus destacamentos, para cuando pase el General por esa Estación.

Me dieron el pase para el tren y me preparé para salir otro día. Salí en el pasajero a la hora de costumbre para las once ya estaba en Venta Salada; La Estación a que tenía que llegar. Al bajarme del tren, ya estaba el Teniente Coronel, que tenía la costumbre de verlo pasar todos los días, me vio y me dice.

- Hola compañero, milagro que anda usted por estos rumbos-

- Pues vine a verlo compañero-

- Tengo gusto, en qué le podemos servir -

- Pues me mandó el General Reyes para ponerlo de acuerdo, que en estos días pasa el General Maycotte por ésta, y quiere que reconcentre sus destacamentos, para que lo reciba lo mejor posible, y como viene en tren especial ya le avisarán la hora que pasa-

- Muy bien, vamos a la casa, para que platiquemos algo de la política-

- Pues viera compañero que como yo ni el periódico compro, no sé cómo andan las cosas-

- Tiene razón, pero yo sí estoy enterado de todo y soy un *huertista hasta las cachas y esta vez me pongo las tres o quedamos en la raya. ¿El General Reyes qué dice? -

- Pues dice que al venir el viejo, nos trae algo nuevo, y no más lo único que yo he sospechado, es que el Gobernador lo visita todos los días, y es que algo hay-

- Pues ahora no se regresa hasta mañana-

- Para mí lo mismo da, no llevo mucho prisa -

Venimos comiendo como a las tres de la tarde y seguimos platicando del mismo tema, pero él muy melinado al de la Huerta; Luego pasamos a lo mismo y me dice.

- ¿Y a usted, qué le han regalado? -

- Pues nada, ahora me ponen la traba de que hasta que no tenga un año de servicio en el grado que ostento pueden darme pensión. Pero el General me prometió hablar con el compadre, a ver que me trae ahora que venga-

Al otro día estábamos almorzando como a las nueve cuando llega un telegrama al Teniente Coronel Virgilio Reyes, en estos términos: *"Hoy pasa por ésa el General Maycotte, como a las tres de la tarde, pase a entrevistarlo a la Estación"* Nos dio mucho gusto, y me dice.

- Ahora se va usted con él, cómo no -

El Teniente Coronel mandó uniformar todas sus fuerzas y las mandó a la Estación desde las doce. Nosotros después de comer también nos trasladamos a la Estación, teníamos como 15 minutos de haber llegado, cuando divisamos un tren que venía. Pasamos a ver al telegrafista para saber qué tren venía y nos dice, es el pasajero, pero tras de éste viene el General.

Nosotros estábamos con ansias de que llegara para saber, qué nos traía de nuevo. Pasó el de pasajeros y nos dice el Jefe de Escolta: Hay viene el General tras de nosotros, más contentos estábamos. Como a los 20 minutos vimos venir al otro tren, nomás se paró y abordamos, lo saludamos con un abrazo y luego nos dice:

- Qué mal parados estamos, traigo una escolta de Yaquis desde México- Y le dice el Teniente Coronel. - Bueno platiquemos ¿Qué nos trae de nuevo?-

- Pues lo más nuevo es que ya Don Adolfo está en Veracruz con Guadalupe Sánchez, pero que nos duran, en ocho días los liquidamos. Traigo mucho parque y dinero, y prepárate con tu gente que nomás llegando, mando al General Fernando Reyes por delante para juntarnos en Tehuacán-

Se puso Virgilio descolorido, pero no dijo nada, él que se había declarado Huertista, me miraba como diciendo que no dijera nada.

Me vio el Teniente Coronel y me dice - ¿Se regresa con el General? - Sí, le contesté. Por último le dice el General - Reúna su fuerza y espere órdenes. Se arrancó el tren y Virgilio me hizo la seña que me callara.

En el camino me dice el General

- ¿Cómo anda por allá ese mundo? -

- Tan luego como usted llegue, lo sabrá. Lo que he sospechado es que el Gobernador visita mucho al General Reyes, eso todo mundo lo sabe y sospecha algo-

- ¿Y cómo estuvo el pleito de Reyes con Villarreal?

- No lo sé, el General Reyes quería que yo fuera testigo de cosas falsas y usted sabe que yo no hago méritos con mentiras, ni puedo afirmar lo que no sé. ¿Bueno y mi asunto?-

- Ya está de acuerdo mi compadre, que nomás terminando con esto de Don Adolfo, se arregla, esto no dura arriba de un mes -

Yo le dije:

- Qué infamia, qué vergüenza que para que suba un Presidente, haya que matar a los pobres soldados. ¿Dónde está El Sufragio Efectivo? -

- Tú estás tonto, tú siempre con tu honradez. Esto no dura nada y es probable que le brinques a las tres estrellas -

- Ya no quiero nada, ya le he dicho mil veces. Desde que mataron a Carranza, ya no quiero ser más soldado -

Todo el camino platicamos solos. Me hacía muchas preguntas que yo no podía contestar, porque lo que yo sospechaba no lo podía probar. Luego me dice.

- Al llegar a Oaxaca voy a mandar a Reyes por delante, tú te vienes con él, para que me tengas al tanto de lo que sepas o sospeches -

- Pues muy bien. A ver si lo obedece -

- ¿Por qué dices eso? -

- Porque yo sospecho que ellos estiran por un lado y usted por el otro -

- ¿Lo pruebas? -

- No, pero lo sospecho -

- Bueno, ya veremos -

Ya para llegar a Oaxaca cortamos la plática. Estaba la Estación repleta de gente. El Gobernador y todos los Generales, y el resto de lambiscones que nunca faltan. Nomás se bajó, se volvieron puros abrazos y felicitaciones, y de mi comisión ya nunca se volvieron a acordar.

Yo me fui para mi casa con mi familia. Al otro día me presenté a la Jefatura, pero ni siquiera me dijeron cómo le fue o qué hubo, nada me decían y estaba la oficina del General repleta de puros grandes. Ni el General Reyes que me había enviado me decía cómo te fue.

Como a la una me fui a mi casa, y ya no volví. En la noche ya estaba acostado cuando sonaron la puerta, mi vieja se levantó a abrir y era el asistente del General. Habiéndolo conocido le pregunté - ¿Qué pasa Felipe? -

- Dice el General que vaya para allá -

- ¿Quién está con él? -

- Está un particular que no tarda en irse -

- Dígale que ya voy -

Ya eran como las once de la noche. Llegué y le dije.

- ¡Presente mi General!-

- Siéntate, ya me tienen loco con tantos cuentos y chismes, y parece que está saliendo lo que tú me decías. Te mandé llamar para decirte que pasado mañana sale el General Reyes para Tehuacán y quiero que te vayas con él, para que me tengas al tanto de las cosas. Mañana le voy a ordenar al pagador, para que te dé unos cuatrocientos pesos para que le dejes a tu familia y para ti el pagador de Reyes te dará el sueldo de costumbre.-

- Muy bien mi General -

- Antes de que salgan, ya hablaremos tú y yo. Vete a acostar y mañana vienes -

Al otro día como de costumbre me presenté a la Jefatura, pero como para llegar había que atravesar una alambrada donde había muchas bancas, en una de ellas me encontré al Coronel Palma que era muy Obregonista, y que ahora es General y vive todavía y me dice.

- ¿Qué hace mi Teniente Coronel? -

- Pues nada mi Coronel, ¿Por qué tan triste? -

- Ya sabe usted por qué -

- Yo no sé nada -

- Pues es raro que no lo sepa, porque todo el mundo lo sabe de que el General Reyes no me habla porque soy Obregonista -

- ¿Y eso qué tiene que ver? Hace muy bien de serlo, es su jefe, su amigo y su paisano. Por lo tanto hace muy bien en no ser traidor y lo felicito. Yo también fui Carrancista, y lo soy hasta la fecha, y nadie me lo puede quitar. El hombre debe ser fiel a su jefe, de lo contrario no es hombre, no es nada y por esa razón yo lo felicito y con toda la boca y a quien sea, debe de decírselo y venga lo que venga-.

- ¿Qué le ha dicho el General? -

- No lo he visto -

- Pues véalo, porque mañana vamos a salir -

- Hoy lo veo -

- Muy bien. Eso que a usted le pasa me pasó a mí y yo nunca me hecho atrás. Cuando Carranza, siempre lo fui y lo soy hasta la fecha. Yo voy a ver al General, si usted gusta, vamos-.

- Allá nos vemos al ratito -

- Muy bien, hasta luego mi Coronel -

- Hasta luego compañero -

Llegué a la Jefatura y estaba como el primer día que unos salían y otros entraban. Yo al fin me metí también. Nomás me vio el General y le mando hablar al pagador. Habló con él, y me dice:

- Despúes hablamos - Me llamó el pagador, me dio los cuatrocientos pesos, le firmé un recibo por dicho valor y muy gustoso se los llevé a mi familia y le dije, mañana salgo. Me pasé a ver mi caballo, que el mismo General me había regalado, con una montura bordada que según supe era de su señora, y se llamaba El Ciruelo, que tenía un sobrepeso, muy adecuado para mí por faltarme mi pierna. Y le dije a mi asistente.

- Me le das bien de cenar a mi caballo, porque mañana nos vamos -

Ese día ya no hablé con el General, pero me daba cuenta, que la tropa que llegaba, se pasaba a la Estación. Esa misma tarde supe que iban a embarcar muy temprano, pero como a mí no me ordenaban nada, yo ni me movía para nada. Al otro día muy temprano, pasé por la casa del General, me vio por los vidrios que yo pasaba, y me habló.

- Vete a la estación con tus caballos para que los embarquen y allá nos vemos -

Me devolví y le ordené a mi asistente que ensillara los caballos y que lo esperaba en la casa. Como a los quince minutos llegó Camacho con los caballos, me despedí de mi familia, llegó y salimos a la Estación. Ya estaba acabando de embarcar. Me vio llegar el Coronel Reyes y me dice.

- ¿Qué pasa Mocho, te vas con nosotros? -

- Seguro que sí -

- Pues llegaste a tiempo, les vamos a dar dos decenas a todos los jefes y oficiales para que no vayan brujas -

- Pues qué bueno -

- Tus caballos los embarcas al último con los nuestros. Yo creía que te ibas a quedar con el viejo -

- Pues no, yo pedí venirme con ustedes porque no me gusta venirme atrás, y me lo concedieron -

- Es mejor, aquí viene también tu compadre y el Chueco Galindo que hacen muy buena pareja -

- Mi General, usted lo dirá de pala, pero ellos chuecos y yo mocho, entramos donde entren los buenos -

- No te digo para que te ofendas -

- No mi General es pura guasa, nomás que no vayan a ser guasa las dos decenas, y estamos de acuerdo -

- Al rato vienen -

- Esto es mejor -

En esto llega el General Maycotte, y les dice.

- ¿Ya están listos? -

- Ya mi General, nomás falta el chivo - Y le dice el General:

- Aquí va contigo Flores de tu Estado Mayor, a ver en qué te puede servir - Luego me dice, - ¿Dónde van tus caballos? -

con ese pretexto nos retiramos y me dice - Ya sabes tu comisión, a ver qué ordenes respeta Reyes, las mías o las del Gobernador. Ahora salen a Tehuacán y ahí nos vamos a juntar -.

- Muy bien mi General - Y nos regresamos a recibir las dos decenas para salir.

Con eso que me dijo el General, comprendí que la cosa iba mal, pero ni modo. En eso llega el pagador y nos empezó a dar dinero. Luego mandamos comprar unas botellitas para el viaje y venimos saliendo como a las diez y media.

En el camino íbamos echando los trajimos, y me dice mi compadre.

- Oiga compadre ¿No ha sospechado algo? -

- ¿Como de qué compadre? -

- Que no sabemos a quién vamos -

- Pues ni yo compadre, pero a mí el General me dijo que en ocho días terminábamos con de la Huerta y que nos íbamos a reconcentrar en Tehuacán -

- Pues yo veo la cosa diferente -

- Pues a ver qué pasa -

Llegamos a Tehuacán, ahí se incorporó un General llamado Pablo, no sé de qué, y otro día un Teniente Coronel que estaba en Tecamachalco llamándose Carlos Avilés de las fuerzas de Almazán. Nos pasamos hasta Amozoc, ahí desembarcamos en la tarde, para entrar otro día a Puebla. Esa noche se incorporó el General Antonio Martínez, y nos dice que el General Almazán había salido de Puebla. Nos metimos a Puebla y ahí apareció el General Villarreal, quien llegó en compañía del también General Castro, que no supe dónde salieron, ni como vinieron, pero ahí estaban.

A los dos días de estar en Puebla, se arrimó el General Almazán, tal vez con intenciones de atacar la plaza, con tres mil hombres según decían, pero salió el General Reyes con mil ochocientos, que eran los únicos que había en la plaza y los derrotó, por no haber tomado las precauciones debidas y que la gente ya no quería pelear, lo que buscaba era la volteadora.

Yo que no iba ni a uno, ni a otro porque no los quería desde la muerte de Carranza, y que andaba desempeñando una comisión de delatar, y pensando que todos aquellos jefes que andaban matando gente, unos para subir al poder y otros para ganarse un grado sea en un partido o en otro tenían que empujar soldados al matadero, qué infamia…

Yo me di cuenta de que Maycotte, era Obregonista, por el papel que yo andaba desempeñando y porque estando él en Tehuacán con cinco mil hombres, nunca avanzó a Puebla, antes al contrario, ordenó al General Reyes que evacuara la plaza porque venían siete mil hombres a atacarlo. Mi General Reyes contestó, que primero pasaban por su cabeza que evacuar. Yo me di cuenta de ésto y me di una escapada a ver al General Castro, y le platiqué del caso que sabía y me dice está loco ese tal, y cómo él es el responsable a ver cómo sale, eso dijo el General Castro.

Yo iba pensando avisarle al General Maycotte, pero como ya estaba el enemigo al frente, ya no hubo tiempo de nada, nomás que esperar el resultado de aquella insubordinación. Ya con esto me di cuenta, que Reyes no obedecía al General Maycotte, más bien nadie lo obedecía, porque cada quien estiraba por su rumbo.

Yo sin mando de fuerza, nomás agregado a Reyes, no tenía más que obedecer órdenes y andar pegado a él. Pasamos esa noche con tiroteos aislados hasta que amaneció. Al amanecer nos dimos cuenta que le estábamos haciendo frente a una columna desde el Fuerte Loreto, Guadalupe y San Juan, con unos cuantos pobres soldados.

Como a las nueve nos empezaron a cañonear, y los aviones a echarnos bombas, luego se le ocurrió a Reyes que diéramos una carga de caballería con unos cuantos que no llegábamos a treinta al mando del General Antonio Martínez, que entre ellos iba su servidor, el viejo Aguilar, el Chueco Galindo y otros más; Con tan buena suerte que los rechazamos, pero al regresar al punto de partida venía el viejo Aguilar cargado con rifles del enemigo. Los aventó al frente de Reyes y le dijo:

- Mire mi General, como van allá los infantes - Voltea y me dice - ¿Dónde está el General Castro, Mocho? - Yo le contesté - En el Tapozuche - Y en lugar de ordenarme que lo fuera a llamar, me dijo - Vamos, llévame - quiso ir él personalmente. Sé arrancó y me dijo - Vente - y lo seguí.

Viendo la gente que él corría sin órdenes, también ellos corrieron sin que nadie los persiguiera, dejando al pobre Coronel Piña, en el panteón, abandonado a su suerte.

Yo con el General atravesamos la ciudad, salimos a la orilla y le dije.

- Ese es el Tapozuche -

- Pues vamos para allá -

Yo veía que venían todos los infantes corriendo y consideraba que parándose el jefe, ellos también se paraban y le dije

- Párese jefe, mire como vienen los muchachos -

Y me dice

- Déjalos vamos a llegar -

Yo me detuve un poco, para decirles que ya no corrieran, que ya venía el General Reyes con el auxilio del Tapazuche, y me fui a alcanzar al General. Ya lo iba alcanzando, cuando nos hacen una descarga. Ya había enemigo en el Tapazuche. Y me dice muy asustado.

- ¿Y ahora para dónde ganamos? - Yo le contesté - A esperar a nuestra gente, para salir por donde podamos -

En esa parada que me di, no supe para donde ganó el General, y me di cuenta que nadie nos perseguía, y si algunos pobres infantes se entregaron al enemigo fue por decepción, que no hubo jefe quien los dirigiera, porque yo me di cuenta que donde yo los paraba, se paraban, pero por otro lado se iban y nos iban dejando solos, hasta que les dije - Vámonos, ésto ya no tiene remedio -

Cuando me retiré con los pocos que yo había parado, había como a mil metros de nosotros, como diez o doce hombres de caballería, que me supuse que eran puros jefes del enemigo, de esos que después de la tempestad les gusta tomar la delantera, y después decir que venían adelante del combate. Esos hombres han adquirido sus grados brincando de una trinchera a otra, para después pararse el cuello, diciendo que hicieron y deshicieron.

Dicho grupo no tiraba, y con mucha razón; Ellos eran pocos y los que iban huyendo eran muchos y temían que con una descarga de los que corrían, había para que ellos desaparecieran y mejor se consolaban con verlos correr. Pero me di yo cuenta que no había quién los persiguiera y nos retiramos paso a paso.

En el camino me platicaban los muchachos, las brutalidades del General Reyes, y lo más que les podía, el haberse venido sin decir, vámonos o quédense. Yo les contesté, no tengan cuidado esto se arregla nomás viendo a Maycotte y les decía.

- Además hay que perder unas para ganar otras -

- Sí mi jefe, pero no en esta forma -

En eso íbamos cuando nos encontramos al General Castro, debajo de un mezquite muy triste. Nos paramos y le dije:

- ¿Qué pasó mi General? -

- No me preguntes, tú lo sabes mejor que yo - Entonces le digo

- Deme razón del General Reyes -

- No me preguntes de ese desgraciado, que si Maycotte no lo manda fusilar yo me retiro de la danza, y tú que tienes confianza con el General, dile que digo yo -

- Pues vamos mi General -

- Vete, ya los alcanzo -

En el camino me decían los muchachos que tenían mucha hambre y sed, yo les dije, donde nos pesque la noche ahí nos quedamos y mañana Dios dirá. Como al obscurecer nos abrimos del camino, no supimos si el General Castro pasó o no. Nosotros brincamos una lomita y al bajar al arroyo nos dimos cuenta que chacualeaban los caballos en el charco con mucho gusto nos bajamos y les dimos agua a nuestros caballos, luego nos prendimos nosotros, sin saber si estaba buena o mala y tomamos hasta llenar. Sin pensarlo más nos subimos un poco a la loma y ahí hicimos noche, cada quien con su caballo en mano, luego nos quedamos dormidos y ya de madrugada se me ocurrió buscar en las cantinas de mi montura algo para comer, y tuve la suerte de encontrarme algo como una piedra.

Me puse a olerla y luego a morderla y con trabajo le arrancaba pedacitos pero muy sabrosos, y le seguí ruñendo. Al ratito me habló un compañero y me dice:

- ¿Qué está comiendo que no me invita? -

- Pues no sé qué será, pero está muy sabroso - Luego cogí una piedra y con otra le arranqué un pedazo, y se lo pasé, luego le pregunté qué era y él me dice - Pues no sé, pero está muy sabroso -

Hacía un ratito que habíamos terminado con aquella piedra cuando empezamos a eructar. Yo decía que había sido hígado seco. Él decía que era carne. Sea lo que fuera, ya estábamos llenos como si acabáramos de salir de la fonda.

Hacía como veinte minutos que habíamos terminado nuestra cena, cuando llega un soldado que se había dado cuenta dónde estaba yo, y me dice.

- Jefe, acaba de cantar un gallo con ese rumbo, y debe haber algún rancho -

Yo le dije:

- Déjalo que cante, luego que amanezca ya no volverá a cantar porque nomás llegando nos lo vamos a almorzar, cueste lo que cueste -

- ¿No lo comemos jefe? -

- Seguro que sí, yo lo pago -

Seguimos platicando hasta que amaneció, luego me empecé a reír de ellos, y ellos de mí, que no sabíamos ni por qué, yo les dije miren cómo traen el pico y me dicen: usted también lo trae prieto, y risa y risa todos.

Luego nos fuimos a ver los demás y estaban todos igual, y eran pura rosada todos; Luego nos fuimos a ver el arroyo y era puro cieno negro, donde habíamos tomado agua en la noche anterior, muchos querían basquearse, pero qué echaban si tenían dos días con sus noches de no comer nada, y yo temía asquearme porque temía echar la piedrita que nos habíamos comido el compañero y yo, pero nos aguantamos.

Hicimos grandes fiestas con los bigotudos, porque les decíamos que traían los tecomates en los bigotes. Luego ensillamos, y al trastumbar la lomita, divisamos el ranchito del gallo que habíamos escuchado en la madrugada. Nos dirigimos al ranchito con ganas de encontrar al gallito, pero llegamos tarde, porque ya los compañeros que habían llegado en la noche, habían acabado con gallo, gallinas, guajolotes y marranos y estaba el ranchito con un festín bárbaro y todos cocinando de lo lindo.

No faltó quién dijera a los indios, que todo se les pagaba y les cayeron a los generales a cobrar sus animales, que según yo supe, todo les pagaron y al rato hasta los indios estaban friendo los chicharrones, por interés de la manteca.

Nosotros que ya no encontramos nada, nos sobró comida, y almacenamos algunos chicharrones, que para la "seca" es buena compañera.

Al otro día salimos con rumbo a Tehuacán de la Granada, en donde estaba el General Maycotte con el grueso de la gente. Ya para cuando llegamos, ya estaba el Coronel Gustavo Rodríguez con el General; No supe que le contaría, pero al llegar con él, se acabó de remache el clavo porque era el comisionado para ello.

Desde ese momento termió mi comisión, porque ya estaba declarado que Reyes reconocía como jefe al Gobernador Manuel García Virgil. El resto o la mayoría, a Don Adolfo de la Huerta, y el General Maycotte con unos cuantos leales no sabía para dónde hacerse y estaba entre la espada y la pared.

Yo como mi comisión había terminado, seguí en la Jefatura de Operaciones con el único interés de que me dieran mi chivo, para mandar a mi familia que estaba en Oaxaca.

Todos los días quería platicar con el General a solas, pero no me daban oportunidad. Un día me propuse a pescarle solo y platicar con él; Me daba mucha lástima que todos le contaban muy bonito, pero él no quería decir que era Obregonista, porque su gente ya se había declarado contraria y no sabía qué hacer.

Él me había platicado que en ocho días acabaría con De La Huerta, pero al llegar a Oaxaca, se encontró con que sus fuerzas, inclusive las de Reyes eran de García Virgil y el resto de Don Adolfo. Él confirmó lo que yo sospechaba y me comisionó con Reyes para saber a quién obedecía, y sólo se descubrió al no obedecerlo, después del desastre de Puebla ya no tenía ni que preguntar que lo estaban tirando a Lucas.

Después de esto, que unos tiraban para un lado y otros para otro ¿Qué se esperaba? El fracaso, como así fue. Por lo tanto, yo quería hablar con él para ver que había pensado y lo hice. Un día me quedé hasta las once de la noche para hablar con él y cuando quedamos solos le dije.

- ¿Qué dice mi General, que vamos hacer? - y me dice

- ¿Ya te diste cuenta cómo anda el asunto? -

- No mi General ¿Qué es lo que hay? -

- Pues he formado un plan para hacerlos pedazos -

- ¿Cuál es ese plan?-

- Nos vamos a juntar con Guadalupe, les hacemos un llamamiento por el caño con las Infanterías, luego que estén adentro les pegamos con las caballerías por detrás y los hacemos pedazos. Hasta ahora vamos con Guadalupe, sí, porque no hay otro remedio-.

- Pues el plan está bonito, ya veremos si sale, ya estamos de acuerdo con mis caballerías y las de él, no nos detiene nadie

- ¿Y cuándo es ese movimiento? -

- Tan luego como se arrimen y tú vas a andar conmigo -

- Muy bien, bueno mi General ya no lo desvelo, hasta mañana - Luego me dice - Mira hijo, mañana te vas a Oaxaca, te traes tu familia a Tehuacán para que la tengas más cerca y la puedas ayudar con tu chivo; dile al pagador que te pague dos decenas-.

- Muchas gracias mi General-

- Anda y vienes mañana -

Al otro día cobré mis dos decenas y salí para Oaxaca. Al tercer día volví con mi familia y les conseguí una casa segura y ahí la deje bien recomendada y con bastante dinero que habíamos ahorrado. A los tres días de estar con mi familia, salimos con rumbo a Esperanza, a ponerse de acuerdo con Guadalupe Sánchez, y ahí conocí a ese General, que nunca me gustó, pero bueno, nunca dije nada.

De regreso a Tehuacán en el camino le dije al General:

- Ese hombre no me gusta para que hagan buenas migas con nosotros -

- ¿Por qué hijo? -

- Porque no hace las cosas en serio. Porque está platicando con usted y se sale y ya se mete y ya se vuelve a salir. Como que no le da mucha importancia a lo que se está tratando, o tiene miedo o desconfianza -

- Ya se comprometió ayudarme con sus caballerías -

- Pues ojalá y que sea cierto porque yo lo veo medio desconfiado y con razón -

- ¿Por qué dices eso de "con razón"? -

- Porque hace unos días que me dijo usted que en ocho días lo terminábamos y ahora estamos con él -

- ¡Ah! Porque así se me presentan las cosas y hay que seguirlas -

- Pues esto ya va muy mal y no sé en que vayan a parar-

- Bien pues ya estamos en la burra y hay que darle que anda -

- Muy bien mi General -

Como lo vi que medio se molestó, ya no le dije más y me retiré. A los dos días se movilizaron las caballerías a la Estación del Carnero y el Cuartel General a la Estación siguiente, con rumbo a Esperanza.

Al presentarse el enemigo tomaron posesión las infanterías a mediación del Puerto, a derecha e izquierda de los cerros. Las caballerías tenían que hacer su retirada al cuartel general muy lentamente, hasta que las infanterías tomaron contacto con el enemigo.

Al formalizarse el combate tendríamos que salir las caballerías por Tecamachalco para pegarle al enemigo por la retaguardia, como estaba acordado. Como las caballerías de Guadalupe Sánchez llegaron muy tarde, tuvimos que caminar toda la tarde y toda la noche para estar al amanecer de otro día a la retaguardia del enemigo. Para principiar el ataque nomás restaba que las fuerzas de Guadalupe hicieran contacto con nosotros. Lo estuvimos esperando y no llegó, lo mandaron buscar y los enviados regresaron con la novedad que se había devuelto con sus fuerzas, sin saber el motivo.

El General Maycotte, no sabía qué medidas tomar, pero al fin dijo.

- No hay que hacer tanto ruido y nos regresamos también para ver qué pasó-

El enemigo se dio cuenta lo que íbamos hacer con ellos y entonces ellos lo hicieron con nosotros. Ya para llegar a nuestra base de operaciones, nos dimos cuenta que venían detrás de nosotros. Las infanterías que estaban en el Puerto, esperaban que salieran los trenes con rumbo a Esperanza; Ya muy tarde tuvimos nosotros que retirarnos con el mismo rumbo.

Las dificultades que haya puesto Sánchez a Maycotte no las supe, pero lo que sí era cierto, que no caminaban de acuerdo.

Al otro día salió Maycotte a ver a Guadalupe y yo me le pegué para ver qué sucedía con esa entrevista.

Llegamos a la Estación, se subieron al carro, estuvieron un momento y luego bajaron y montaron a caballo. Yo los seguí muy de cerca pero no me daba cuenta de lo que platicaban y sí me di una idea que se trataba del próximo encuentro, porque le iba a enseñar la línea de fuego que tenía preparada.

Anduvieron todo el cerro, y al regresar nos despedimos de él. Al quedar solos yo le pregunté.

- ¿Qué dice el General? -

- Está como Reyes, que tiene gente para darles en la madre a todos y que a nosotros nos dejaba el rumbo de San Andrés Salchicomula, que no le deje pasar ni uno por ahí y que él se encarga de los demás-

- Vamos a ver si es cierto ¿Y dónde vamos a estar? -

- De los rieles al cerro, allá en aquellos magueyales -

- ¿Y a qué hora ? -

- Ahorita -

- Ah, pues voy a comprar algo -

- Tienes razón -

Y me regresé a la Estación, me compré dos latas de sardinas, cinco bolillos, unos pocos de chicharrones, una cebolla y como diez chillidos verdes. Y yo pensaba que con aquella provisión tenía para almorzar y cenar, pero no pensaba que como mis compañeros no sabían qué rumbo íbamos a tomar estaban desprevenidos.

Llegó el General, ordenó tomar las posesiones, indicándoles esperar órdenes. Yo estaba chato esperando la hora de lonchar, algunos jefes mandaron traer, pero otros por andar distribuyendo la gente se les hizo tarde. Yo antes que oscureciera, saqué mi lonche, pero nomás se dieron cuenta que yo traía, se fueron arrimando los amigos, y de poquito en poquito no quedó ni un chilito para otro día. Como quiera pasamos la noche sin novedad.

Para otro día muy temprano, empezaron a llegar vendedores ambulantes y nos mataron el hambre, pasando ese día bien. El tercer día como a las diez de la mañana se agarraron en la Estación, nosotros listos esperando nuestro turno por momentos. Luego empezaron a llegar los jefes de la Estación y nos traían la noticia que se había volteado el batallón de Tabasco que estaba en la línea de fuego y que estaba atacando la Estación. Y nosotros en nuestro punto recibiendo dispersos, recogiendo como doscientos y a nosotros ni quién nos atacara.

Al terminar el combate en la Estación, nosotros ya con más de doscientos infantes de las fuerzas de Guadalupe Sánchez, acordó el General llevárselos hasta donde lo encontraran.

Salimos paso a paso con la infantería en medio de la caballería y no hubo quién nos siguiera. Llevamos su gente hasta El Fortín, y ahí estaban las fuerzas de Sánchez. Él se había pasado hasta Veracruz, pero ahí lo esperamos.

No supimos qué arreglo tendrían, pero de ahí nos devolvimos nosotros, con rumbo a San Andrés Chalchicomula.

Bajamos por el volcán, atacamos la Estación de San Andrés. Ahí cayó un avión del gobierno y nos llevamos al aviador prisionero.

De ahí nos pasamos a Tecamachalco. Atravesamos la vía y agarramos con rumbo a Oaxaca. A los cuantos días llegamos a la Capital de la misma, ahí descansamos unos días y luego salimos con rumbo a Tlaxiaco. Ahí se separó el General Reyes y salimos con su gente con el pretexto de reclutar gente para seguir la campaña. Luego más adelante, se separó el General Castro, Paz e Higinio Aguilar con el pretexto de extorsionar al enemigo en el Cañón del Tomellín.

Esto me cayó muy mal, que poco a poco nos iban abandonado todos y yo como perrito faldero, fiel a mi jefe. No hallaba como tener plática con él, para expresarle mis sospechas y un día él salió y me dijo.

- ¿Qué te parece hijo? Ya nos está dejando solos -

- ¿Pues qué comisión llevan ellos? -

- Pues Reyes que quiere reclutar más gente. Castro y Paz quieren estorbar el paso al gobierno por el Tomellín -

- ¿Y quién propuso esto? -

- Pues ellos -

- ¿Y usted qué dijo? -

- Pues que se fueran -

- Yo sospecho que lo que ellos quieren es andar solos. Pero no tenga pendiente, si no quieren recibir órdenes suyas, que jale cada araña por su hebra, nosotros también le damos -

- Pues ahí los voy a dejar a ver qué hacen. Nosotros nos vamos a Puebla, si hay pocos le entramos y sacamos dinero y nos vamos a buscar a Cavazos que anda por las goteras de México, mientras que hacen éstos por aquí ¿Qué te parece?-

- Yo como no tengo gente lo sigo hasta el fin y con eso cumplo con mi deber -

Al siguiente día de esta plática, salimos con rumbo a Puebla, llegamos a Taxal que sale para Atlixco, cogimos un tren que iba para esa plaza, y como era pasajero, entre ellos iban algunos conocidos del General, que le platicaron que habían visto al General Reyes que se había rendido al Gobierno.

Él no lo creía, a pesar de que le decían que lo habían visto en persona en Puebla. El General se indignó mucho, y pensó regresar a buscarlo. Anduvimos por todas sus correrías en donde él había operado, y se desengañó, que se había rendido.

Dándose cuenta la tropa que nos acompañaba lo que había hecho el General Reyes, también empezaron a desertar los capitanes con mando de fuerza, como fueron: José García, Sotero Martínez, El Mayor Encarnación Zamora, y otros que no recuerdo, pero el caso fue que nos quedamos unos cuantos. Serían los más fieles o los de más vergüenza, pero lo seguimos hasta que nos dijo.

- Hasta aquí los acompaño, déjenme solo -

Yo lo quería seguir, pero él no quiso y me dijo.

- No hijo, no te llevo porque nos vas a comprometer. Yo voy al Puerto de Minizo, me embarco y nos vemos en San Pedro de Roma, Tamaulipas. Tú te vas con Gustavo, y allá nos vemos -

- ¿Y ahora qué hacemos? -

- Se van a presentar al gobierno, los indultarán y allá nos vemos pronto-

Esto me dijo mi General ya para partir, el plan que ellos habían formado, que yo no me di cuenta hasta su despedida. Los fieles que lo acompañaron hasta el fin fueron: El General José A. Solís, el General Villareal Bustos, El General Gustavo Rodríguez, El Teniente Coronel Emilio Fernández y Manuel Flores Solís su servidor, y otros oficiales que no recuerdo. Y los asistentes que en total éramos treinta y cinco.

Estábamos despidiendo a nuestro jefe, cuando se presentó una partida de federales como de diez o doce hombres nos empezaron a tirar; Pero como ya los jefes habían anticipado la rendición, no había orden de contestar el fuego y viendo que no contestábamos, se acercó un Sargento. Habló con el General Gustavo y luego nos llamaron a todos. Entregamos las armas, nos trataron muy bien con toda clase de consideraciones y nos incorporaron con ellos hasta el cuartel que tenían en un pueblito que lamento no recordar su nombre.

Nos dejaron libres, y dormimos cada quien en donde mejor nos pareció. Al otro día nos llevaron a bañar al río porque el señor carita del pueblo, nos había ofrecido una comida a los prisioneros; Ahí estuvo el mal, a la hora de la comida, pasamos a la mesa y los soldados se quedaron afuera.

El cura escondió al General Rodríguez, y cuando nos recogieron, faltaba él; Ya nos andaban fusilando por la desaparición de Gustavo; Nos encerraron a todos con centinela de vista, avisaron a México y ordenaron que nos trasladaran a Oaxaca, con la consigna de que con lo más mínimo que vieran nos fusilaran a todos, afortunadamente todos los compañeros se portaron bien y llegamos a Oaxaca sin novedad.

En esa plaza estaba el General Almazán, y nos llevaron a la jefatura de operaciones, y nos encerraron a todos en un galerón. Nomás supo el pueblo que ahí estábamos, nos llovieron canastas de comida por todas partes y a todas horas.

El General Villarren preguntó ¿A quién se le debe esta gentileza? Contestando los enviados que la cámara de comercio había ordenado a los hoteles que nos mandaran comida por su cuenta mientras estuviéramos en esa plaza.

A los soldados como que les parecía mal, que nos mandaron tanta comida, y por despecho nos decían, los van a fusilar a todos. Otros nos decían que nos iban a mandar a México a la ¨Peni¨

Yo por lo que pudiera suceder, mandé llamar a mi familia, para darle mis últimas instrucciones, por si no nos volviéramos a ver. Les di los pocos centavos que traía, le recomendé que cuidara de mis hijos, y que si lograba mi libertad, nos volveríamos a ver pronto.

Como a los cuatro días de estar en Oaxaca, un día comenzaron a sacarnos de uno por uno de mis compañeros, y no volvían, principiando por los jefes grandes, el caso fue que los estaban declarando, pero como no volvían con nosotros, no sabíamos que habían dicho.

- Al fin llegaron conmigo -

- General Almazán -

- ¿Qué pasa Flores, que andaba usted haciendo? -

- Cumpliendo con mi deber de soldado -

- ¿Pero cómo? ¿Qué no era usted del Gobierno? -

- Si mi General, pero tenía un jefe a quién obedecer, si me hubiera tocado con usted aquí anduviera, pero me tocó con mi General y con él anduve hasta el fin -

- Se hubiera pasado con el Gobierno-

- Nunca he sido traidor, fui leal a Carranza y ahora fui leal al General Maycotte hasta el fin -

- ¿Qué será bueno hacer contigo? -

- Lo que usted ordene mi General, soy materia dispuesta -

- Pues vamos a ver qué hacemos con usted -

   Le habló a un oficial y le dijo.

- Póngame a este hombre en las oficinas para ver qué hacemos con él -

Siguieron las declaraciones con mis compañeros, pero jamás los volví a ver, ni supe lo que ellos declararon.

Después supe que una noche los habían sacado y los embarcaron para México, pero a mí me dejaron en Oaxaca detenido en la Jefatura de Operaciones a disposición del Cuartel General.

A los pocos días de estar en esas condiciones, me platicaron los oficiales, que ya estaban saliendo las fuerzas para Veracruz, y que probablemente a mí me iban a dejar en esta plaza, luego me dijeron, que podía salir a la calle con la condición a que me presentara en el cuartel en la tarde.

Fui tomando confianza con los jefes y un día me confesaron que hablara con el General para ver que hacía conmigo. Dejé pasar unos días y luego le hablé y le dije.

- Mi General, sé que ya van a salir ¿Qué piensa hacer conmigo?

Me contestó, Si te doy libre ¿Qué vas hacer? ¿No te irás con el enemigo?

-No mi General, yo le prometo bajo mi palabra de honor que iré con mi familia a ver cómo la mantengo-

- ¿Dónde está tu familia?-

- En Tehuacán de las Granadas -

- Mañana te resuelvo -

No fue otro día, sino hasta el tercer día me llamó y me dijo.

- Te voy a dar la libertad, pero si te vas con los rebeldes a la otra no te me escapas-

- Muy bien mi General -

- Anda a que te den tu pase y cuidado y no cumplas con tu palabra porque va la mía de por medio -

- Gracias mi General -

Pasé con el jefe de Estado Mayor, me dio mi pase para el ferrocarril, y un oficio que a la fecha conservo, en el cual dice que me había presentado al Gobierno incondicionalmente.

Esa tarde salí libre. Pasé la noche con un fiel amigo y al otro día tomé el tren para Tehuacán de las Granadas.

CAPÍTULO VII

Justicia

Llegó el tren ya muy tarde y para cuando llegué a mi casa ya estaba cerrada. Me asomé por el orificio de la llave de la puerta y veía un changarrito y mucha carne colgada. Llamé a la puerta y veía a mi suegra y a mi mujer muy asustadas, que no hallaban ni que hacer, si abrir o no, por lo que me supuse que ellas no estaban acostumbradas a que les llamaran en la noche. Luego volví a llamar y nomás se remolinaban, hasta que les dije, yo soy, abran, luego me reconocieron y se vinieron a la puerta las dos.

Qué felicidad al verme, yo no sabía qué decir ni qué hacer, nos abrazamos y nos quedamos mudos como quince o veinte minutos, pero luego vino la calma, nos pusimos a platicar hasta en la madrugada y mis queridos hijos dormidos sin saber que ya había llegado su padre.

Al otro día muy temprano llegó el carnicero que venía a freír los chicharrones, y ni quién le abriera, porque estábamos desvelados, pero al fin tanto sonar le abrimos. Al rato se puso en obra y para las doce ya teníamos bastante chicharrones.

En unos cuantos días se dieron cuenta mis amigos que yo estaba ahí y me empezaron a visitar. Luego el Señor de la Tehuacanera me mandó llamar con el secretario. Pasé a verlo, platicamos mucho de nuestras aventuras y al fin me preguntó:

- ¿Y ahora qué piensa hacer?-

- Pues trabajar, tengo algunas nociones de comercio y quiero ejercer ese ramo-

- ¿Cuándo piensa principiar? -

- Ya principié, como yo no tenía esperanza de volver, ya le había dicho a mi Señora lo que hiciera con los pocos centavos que teníamos -

- ¡Ah! ya se instaló, muy bien, pues sabe que aquí tiene las puertas abiertas, con dinero y sin él, usted pide y le mandamos a su casa -

- ¿Con qué condiciones? -

- Para usted no hay condiciones, usted pide y paga cuando pueda -

- Muchas gracias, ya le mandaré mi nota -

- Debo advertirle Señor Flores, que hay que tener de todo, para que no le pongan la tienda del no hay-

- Pues hasta donde las fuerzas me alcance -

- Pues aquí conmigo le sobran fuerzas y usted pida lo que quiera -

- Muy bien, ya le pasaré mi nota cuando guste - Me despedí.

Pasaron algunos días y no mandaba la nota. Un día me fue a visitar su secretario y a la casualidad estábamos tocando yo y mi señora; le dio mucho gusto, que los dos tocábamos, y empezó a disparar cerveza. Luego nos pidió que tocáramos otra y nos pidió "La Calle Doce", que andaba en boga en ese tiempo. Se tomó otras cerveceras, y luego me dice:

- Vengo de parte de mi jefe a reclamarle, el porqué no ha mandado su nota -

Yo le di una disculpa y quedé en mandarla al otro día. Mandé la primera nota e inmediatamente me la surtieron el doble de lo que yo pedía. Pasé a hacer una aclaración y me dijeron, usted trabaje y pida lo que vaya necesitando y va usted pagando como pueda. Yo procuraba no pedir otra nota hasta no cubrir la anterior.

En tres meses mi tienda ya iba viento en popa, pero no sabía que a los noventa días había que manifestar, pero ellos estaban al tanto de todo.

Con el secretario me mandaron un viejito que sabía de todo esto. Me hizo los papeles y me dijo, tal día mete para adentro toda la mercancía y deja al frente una cosa poca. Así lo hice el día fijado. Vinieron unos señores con el viejito, vieron lo que tenía al frente y me preguntaron cuánto tenía invertido y les dije que yo había metido trescientos pesos, pero como ya me había comido algo, no sabía decir lo que tenía. Y me preguntan.

-¿Cómo surte? -

-Pues de a poquito, lo que me va faltando lo voy comprando-

Y me dice - muy bien Firme aquí -

Ya el viejito me había dicho que iba a firmar, según ellos, salimos muy bien. Así estuvimos muy felices algunos meses, con la cuenta casi al corriente. Un día vino el secretario y me dice.

- Señor Flores el jefe quiere hablar con usted '

- Dígale que voy para allá -

  Dejé a mi vieja en el changarro y me fui a verlo. Me saludó muy cariñoso y me dijo:

- Oiga Flores, ¿Usted conoce a Camilo Luna Galicia? -

- Sí, cómo no, si lo conozco desde que era civil, ahora es General -

- ¿Y qué, sabe cómo se hizo General? -

- Sí, por el compañero y   compadrazgo con el General Barbosa .-

- ¿Conoce usted a la señora? -

- Perfectamente -

- Pues por ahí viene el General Lazo,   de la noche a la mañana, por esa causa, ,lo quiere matar a usted -

- ¿Y yo que tengo que ver con eso? -

- Pues no lo sé, pero cuídese de él -

- A ese amigo no le tengo miedo ni con la rabia, porque no es hombre ni de parárseme en frente-

- Pues para eso lo llamé y cuídese -

- No tenga pendiente y muchas gracias -

- ¿Ya sabe usted qué quiere ser candidato a la Presidencia Municipal? -

- También lo sé, porque el Comandante es amigo mío y fue mi subalterno -

- Pues ya estaremos hablando sobre el particular -

- Muy bien -

Pasaron días y un día fue el Comandante que era mi amigo y me dijo.

- Jefe, se rumora mucho que se lo quieren echar, pero desde ahora le voy a poner un gendarme en la esquina, para lo que se le ofrezca-

- ¿Cómo supiste? -

- Pues todo el mundo lo sabe, pero yo les digo que ese amigo no es capaz de parársele enfrente ni con diez águilas, pero de todas maneras desde hoy le pongo un policía en la esquina, para lo que se le ofrezca y yo también estaré al pendiente -

- Gracias Viejo -

A los dos días de esto me llamaron de la Tehuacanera, y volví al llamado, y me dice el jefe.

- Mire Flores, yo quiero que se vaya lo más pronto que pueda, yo le perdono la cuenta, pero se va usted -

- No me hace nada ese amigo -

-Él no, pero manda quien lo haga, con decirle que ya sé cómo lo piensa hacer. Mire en su establecimiento vende cerveza y otras bebidas, van a mandar unos indios de Barbosa a tomar ahí, luego se van hacer de razones, y los balazos son para usted, y luego se retiran -

- ¿Y qué hago con mi negocio? -

- Déjelo a su esposa mientras hayamos un traspaso, de eso yo me encargo -

- Mire mi amigo, le voy a liquidar su cuenta y me voy lo más pronto posible -

Luego me dice el secretario.

-Para que no vayas tan escaso, yo le compro la guitarra y el mandolín -

- En la casa hablaremos de eso -

- Bueno, ¿Cuánto es la cuenta? -

- No me debe nada con tal de que se vaya luego, y después manda por su familia -

Yo le prometí venirme a Puebla, tras de mí se fue el secretario platicando del mismo tema, y me platicó lo que él sabía. Hicimos el trato con los instrumentos y le prometí salir al otro día. Ya me puse de acuerdo con mi familia, y había un paisano de mi Vieja, que trabajaba como agente de máquinas, que se llamaba Manuel Berbones, ese muchacho se vino quedando con el changarro.

Yo salí al siguiente día con rumbo a Puebla. Como ahí me encontré con muchos amigos, luego conseguí casa para traer a mi familia, pero no podía venirse, hasta en tanto no recibiera Berbones el changarro. Luego que estuvo lista mi Vieja, un día fui por ella, y regresé a Puebla sin novedad. Como no tenía ningún negocio, pronto terminamos con los ahorros que nos acompañaban, y tuve que buscar trabajo.

Estaba un Capitán amigo mío, en Gendarmes del Ejécito

Que se llamaba José Galindo, que aún vive y por conducto de él, me pude colocar como Inspector de limpia de la ciudad. Estaba trabajando muy tranquilo, pero no faltaba por dónde buscar para perjudicarme. Un día me mandaron a un tipo muy sospechoso a ofrecerme que él me arreglaba mi reingreso al Ejército, yo le di las gracias y me dice.

- ¿Por qué no quiere usted? -

- Porque yo no soy Obregonista, ni Callista, ni Huertista. Yo fui Carrancista, y desde que lo mataron, ya no soy nada y mejor quiero trabajar-.

Ya no volví a ver a dicho hombre. Seguí trabajando y a los pocos días me mandaron a un cura, de San Martinez Texmelucan, ofreciéndome muchas cosas, que tenían mucha gente y dinero, y tan luego me presentara yo con ellos. Yo le dije al curita que yo necesitaba cinco mil pesos para dejarle a mi familia y luego me iba con ellos. Ya nunca volvió el Señor Cura y me dejaron en paz.

Yo le platicaba todo al General Antonio Martínez y él me decía que a él también le hacían muchas proposiciones, pero que él, ya no quería nada, que se iba a sembrar su rancho y que tan luego estuviera ahí me llevaba con él.

Pasaron los días y yo muy tranquilo en mi trabajo. Una noche como a las doce me vio el General y me dice:

- Me he salvado de estos tales. Me tuvieron sitiado dos días y una noche en mi casa -

- ¿Y cómo se salvó? -

- En la noria, ahí estuve hasta que salí y te vengo a avisar que ya me voy para Coahuila disfrazado de indio, y si me salvo, yo te mando con qué te vayas, porque aquí nos van a matar estos desgraciados -.

Yo le digo:

- Pero si no les hacemos nada -

- Yo sé bien, pero por puro miedo que nos tienen, nos quieren tronar -

- ¿A qué horas te vas? -

- Ahorita -

- Oye Antonio, no vayas a tomar el tren aquí, vete a la próxima :stación, y ahí te montas, pero ten mucho cuidado con los Juanes de la escolta, hay muchos que nos conocen, y te pueden descubrir. Cuando vean venir a uno no le des la cara hasta que pase y cuando llegues me escribes y ya veremos cómo le hago -

- Te encargo a mi Toño y con él te diré como le hagas -

- Bueno, feliz viaje y Dios que te bendiga -

Yo seguí trabajando y como al mes de haber salido el General, le escribió a su hijo diciéndole que en Coahuila estaba todo en paz, que él estaba trabajando con un contrato en el tiro cuatro, y que le iba a sacar a la Compañía los pases para nosotros, y que estuviéramos listos para la otra que nos escribiera, para que nos viniéramos luego.

Así estuvimos otros quince días más. De repente llegaron los pases, y nos avisaba que eran buenos por un mes. Luego hablé con mi Compadre Encarnación Treviño, para que se quedara con mi trabajo y yo me puse a buscar marchante a mis pertenencias:

Como a mi caja, mesas, sillas y una estufita de gas que tenía. Cuando estábamos listos, le escribimos al General avisándole qué día salíamos. Tomamos el tren en Puebla, con boleto directo hasta las minas de Palaú. Yo no sabía ni dónde estaba mi familia, pero me supuse que estaba en Rosita, yo quería verlos y no verlos, porque tenía vergüenza que me dijeran, que me había ganado la Revolución y así como lo pensaba, así salió, pero me quedaba la satisfacción de decirles que había sido leal a Carranza hasta el fin.

No faltó quien les dijera que yo estaba en Palaú, y fueron por mí. Cuál sería mi desgracia que al llegar a Rosita, no encontré padre ni madre. Mis familiares en la desgracia, y yo pobre y cojo, con una pierna menos.

Luego me empezaron a visitar mis viejos amigos. Y acordaron ponerme una cantina sin más gasto para mí que la luz. Dicha cantina me duró dos años. Vinieron las elecciones para Presidente Municipal, yo me comprometí con el candidato Patricio Flores, y nos tocó perder. Nunca en mi vida había visto elecciones tan legales, porque entre puros amigos, unos decían viva Ramos, nosotros decíamos viva Flores, y brindábamos de la misma botella, muy contentos.

Como todos me apreciaban, al fin de la votación, se fue conmigo el que salió triunfante, abrimos mi cantina, y ahí se formó una parranda a cuenta del triunfador o sea del Señor Ramos. Al fin de la jornada, me dijo:

- Usted sigue ahora como antes, y seguimos siendo amigos -

Luego pasó una desgracia muy dolorosa. El tiro cuatro de Palo hizo explosión y murió todo el pueblo y entre los muertos quedó el General Martínez, su hijo, su sobrino, y otros más, amigos nuestros, que nos habíamos venido con él desde Puebla.

En esos días estaba la Presa de Don Martín en su apogeo. Me vine a la Presa, con la intención de poner una frutería, por conocer dicho ramo, pero anduve buscando lugar adecuado y no lo encontré. Un día me encontré un gringo que se llamaba José Luis y me dijo.

- ¿Quiere trabajar? -

- ¿En qué puedo trabajar? -

- A cuidar ese molino -

- ¿Y cuánto paga ? -

- Dos pesos diarios -

Yo le dije que sí, y me llevó al trabajo. Debo advertir que ese trabajo me duró 18 años, y se puede decir, que esa fue la salvación de mis hijos. Tenía unos cuantos meses de haber principiado a trabajar, cuando se vino el movimiento de Escobar. Luego llegó un Teniente Coronel que le decían El Gorra Prieta, de las fuerzas de Almazán, venía a llevarse las "Juait", para transportar gente. Me fue a ver a mi trabajo, y me dice.

- ¿Usted es el Señor Flores? -

- A sus órdenes le dije -

- Pues le manda decir su compadre Rodolfo que ahora es tiempo de que se enderecen sus bonos, y que se vaya conmigo -

- ¿Dónde está mi compadre? -

- Está con Almazán en Lampazos y me recomendó mucho que lo llevara -

- Pues lo siento mucho mi amigo, pero no puedo por muchos motivos -

- ¿Cuáles son esos motivos ? -

- Pues una es que tengo mis hijos, y otra es que yo no soy Obregonista, ni Callista, mi compadre lo sabe muy bien, y dígale que le agradezco su invitación, y me lo saluda por favor -

- Pues yo me voy mañana y por aquí voy a pasar por si se anima -

- Muchas gracias, Jefe -

De Don Martín, nos cambiaron a Rodríguez, si mal no recuerdo el 32; luego al Sifón, y después al Garceño; Ahí me rebajaron el sueldo a 1.84, porque querían que saltara, porque querían poner al padre de un profesor. Y un día que vine al pueblo, por casualidad me encontré al Coronel Villalobos, íntimo amigo mío, porque había sido jefe de Estado Mayor de Maycotte, y conocía muy bien mis servicios y me dice:

- ¿Qué andas haciendo Manuel? -

- Trabajando mi Coronel -

- ¿Pero en qué puedes trabajar tú hombre? -

- Pues de velador, ya tengo mucho tiempo -

- Qué bárbaro !, un Teniente Coronel de velador -

- Eso no es todo mi Coronel, ya me andan tumbando la burra-

- ¿Por qué hombre? -

- Porque quieren poner a otro en mi lugar. Ganaba dos pesos y ya me rebajaron a uno ochenta y cuatro -

- ¡Qué bruto! ¿Y qué piensas hacer? -

- Pues aguantarme, tengo familia -

- Ya no me digas más. Mira Manuel, tú te vas a México -

- No puedo mi Coronel ¿Quién mantiene a mis hijos? -

- Yo los mantengo, tú te vas -

- ¿Y con qué? -

- Yo te doy con que vayas. Mira el General Ramos es el presidente del partido, yo te doy una carta para él, y antes de ir con él, ve al viejito Castro, que es juez civil, y está por insurgentes #135, lo saludas de mi parte y le dices a lo que vas, a ver qué te dice. Hoy mismo pides 15 días de permiso para que te vayas, yo mantengo a tu familia. Pides el permiso y vienes conmigo -

Así lo hice, y le dije a mi familia que yo iba a México; Luego vine a Ciudad Anáhuac, ya el Coronel estaba listo con el oficio para el General. Esa misma tarde salí, y para las siete de la noche estaba en Monterrey; caminé toda la noche y para otro día a las nueve, estaba en San Luis Potosí. Caminé todo el día y a las diez de la noche estaba en México. Me hospedé en el Hotel Colonial, y otro día pasé a ver al General Castro; lo saludé de parte del Coronel, le platiqué todo lo que había hecho por mí y le dio mucho gusto.

Le enseñé el oficio que llevaba para el General Ramos, y me dijo.

- Mira hijo, le saludas de mi parte, y luego que le enseñes la carta le dice: "Mi General, no le vengo a pedir dinero, ni pensión, ni reingreso al Ejército, le vengo a pedir justicia" y si te pregunta que quién te dijo, le dices que yo te dije.

Así como el General lo pensó, así salió; Ese día era sábado y estuve toda la tarde en el Partido, y no me recibió, pero estuve listo al salir, tomé un carro y lo seguí hasta su casa. Como llegué tras él, me recibió luego. Le dije que le mandaba saludar el General Castro, y aquí le traigo una carta del Coronel Villalobos.

- ¿Dónde está Villalobos? -

- En Anáhuac -

Vio la carta y luego me dijo que deseaba, entonces le dije, lo que me había dicho el General Castro, luego me preguntó, cómo había hecho para venir a México. Y yo le platiqué que el Coronel Villalobos, me había dado el pasaje, y gastos y se había hecho cargo de mi familia hasta que yo regresara.

- ¿Cuánto costó el pasaje? -

- Treinta y dos pesos y centavos en segunda -

- Muy bien. Mira, mañana es domingo, pero el lunes te espero en el Partido-   Le habló a un Oficial y le dijo. – Mira, el lunes tan luego como llegue el Teniente Coronel, lo pasas conmigo inmediatamente -

Luego metió la mano al bolsillo y me dio diez pesos. Yo no los quería tomar y él me dijo.

- Esto es para que no andes a pie, porque tú no puedes y te puede matar un carro, porque aquí es muy peligroso para ti, el lunes te espero -

Me despedí del General, tomé un carro hasta el Hotel Colonial, muy contento. Al otro día domingo, me levanté muy temprano, me arrimé a los agachados que había muchos, almorcé un menudo, luego compré papel y sobre y puse una carta a mi familia. La eché al correo, y me fui al hotel a descansar y no me acordé de comer, hasta que me levanté a cenar otra vez menudo. Me anduve por ahí un buen rato, hasta que me arrimé al hotel a dormir.

El lunes me levanté un poco tarde. Mientras almorzaba y llegaba al Partido, ya eran como las diez. Cuando llegué, ya estaba la sala de espera llena, que no había ningún asiento libre. Pues me quedé parado, y todos se quedaban mirándome, pero nadie me daba el asiento.

Como a los cinco minutos sale el Oficial, y me dice: Pase usted mi Teniente Coronel, ya lo está esperando el General. Pasé y me quité el sombrero y lo puse en la mesa, saludo al General.

- En qué le puedo servir, explíqueme pues -

- Como le digo mi General, no quiero nada, nada más justicia-

- ¿En qué forma quiere que le haga justicia? -

- Pues sabe usted que yo tengo muchos años de estar trabajando en Ciudad Anáhuac, principié ganando dos pesos, ahora me rebajan el sueldo a 1.34. Yo comprendo que lo que quieren es que yo deje el trabajo para dárselo a otro. Yo le platiqué esto al Coronel Villalobos, que conoce muy bien mis servicios y él me mandó a pedirle a usted justicia, y eso es todo, no le pido más mi General.

El General Ramos es moreno y se puso medio colorado y me dijo:

- Siéntate ahí un momento -

Le habló a un Capitán y empezó a dictar un oficio, para Vázquez del Mercado. Lo mandó hacer en máquina y me lo entregó después de leerlo.

El oficio decía así: *"Señor licenciado Vázquez del Mercado. Teniendo el Presidente mucho empeño en ayudar a los viejos revolucionarios, no tengo inconveniente en recomendar al Teniente Coronel Manuel Flores Solís, para que lo enliste y le dé veinticinco hectáreas de tierra en Ciudad Anáhuac Nuevo León". Sin más su Afmo. y S.S SUFRAGIO EFECTIVO, NO REELECCIÓN Firmado General Matías Ramos.*

Luego me lo dio para que lo llevara. Pero como yo no conocía las oficinas, me dio un Oficial para que me llevara y me dijo:

- Ahí te tienen que dar otro oficio, y luego que te lo den vienes para acá, para que me lo enseñes -

- Muy bien mi General -

Salí con el oficial. No estaba muy lejos la oficina y cómo iba con el Oficial, luego me recibieron, entregué el oficio y me dijo:

- Siéntese, me espera un momentito -

Entró a las oficinas, transcribir el oficio para el Ingeniero residente que eran Pedrero y Manuel Zuazua, hermano del General Zuazua que estaban en Ciudad Anáhuac, pero le agregó en la cuestión de las tierras diciéndole que sin perjuicio de la empresa, y me lo entregó.

El oficial que había ido conmigo, me esperó y regresamos con el General Ramos. Le enseñé el oficio que me había dado el licenciado, lo vio y se quedó pensando; De rato me dice:

- Está bien, ¿Cuándo te vas? -

- Pues si es posible hoy mismo -

- ¿Cuánto te costó el pasaje? -

Yo le dije que le había costado al Coronel 32 pesos y centavos, y luego ordenó que me los dieran y me recomendó que antes de que me fuera viera al General Castro y le saludara de su parte y le enseñara el oficio. Le di las gracias y me despedí de él diciéndole que pasaba a ver al General Castro y que salía en la noche, y me dice: Feliz viaje y me saludas al Coronel Villalobos.

Pasé a despedirme de mi General Castro, le enseñé el oficio y me dijo:

- ¿Cuándo te vas? -

- Hoy mismo mi General -

Le habló a la secretaria, le pidió veinte pesos y me los dio. Yo no los quería recibir, porque ya Ramos me había dado treinta, pero me dice.

- Mira hijo, estos centavos que te doy son para tus hijos. Te compras una canasta grande, y en el camino le compras a tus hijos toda clase de fruta, cajeta, dulces y todo lo que encuentres para ellos hasta que la llenes -

Luego, seguimos platicando otras cosas, relacionadas con el General Villarreal. Yo le platiqué cómo estaba el ambiente y me dice, espérame, ahorita nos vamos.

Salimos de la oficina como a las cuatro de la tarde, con rumbo a la Estación, porque enfrente de la misma estaba el hotel en que yo me hospedaba. Platicamos hasta como a las cinco y media de la tarde, de diferentes cosas relacionadas con nuestra situación. Luego me dijo:

- Me voy porque vivo lejos, ojalá y que no sea la última vez que nos veamos. Me saludas a Villalobos, y le dices que aquí me tiene de Juez Civil para cuando se quiera casar, y que te vaya bien -

- Gracias, mi General -

Pasé al hotel a liquidar, luego a informarme a qué hora salía el tren a Laredo. Salía a las siete de la noche. Compré la canasta, algunas naranjas, manzanas y un kilo de plátanos. Luego agarré un cargador, para que me ayudara con la canasta.

Pasamos por mi veliz al hotel, y nos fuimos a la Estación. A las siete y minutos salimos; Al pasar por Querétaro, compré cajetas de Celaya, unas cajetas de membrillo, quesos de tuna, un palito de limas y dulces de todas clases. Ya iba bien repleta mi canasta que le llevaba a mis hijos.

Amanecimos en San Luis Potosí, ahí había más que comprar, pero ya no cabía en la canasta. Compré una bolsa y compre un ajuarcito de juguetes para mi hija Francisca, unas pocas de tunas de Castillas, unos caramelos grandotes, y se acabaron los veinte pesos que me había dado mi General para mis hijos.

Para las seis y media estábamos en Saltillo, y para las ocho en Monterrey. Salimos y para las once de la noche estaba en Ciudad Anáhuac el día miércoles. Me hospedé en un hotelucho que estaba cerca de la Estación. Temprano me presenté al ingeniero Zuazua, y me dijo.

- Vaya usted a descansar y principie su trabajo el lunes, y dígale al Cabo que lo lleve a su casa, y el lunes sabrá el resultado de su viaje -.

A las ocho salí para el Garceño, porque ahí estaba mi familia. Al verme mis compañeros, se quedaron asombrados, porque no esperaban tan pronto que regresara. Otros decían, que yo no volvía; El profesor también decía que si yo volvía, se quitaba el nombre; fueron puras habladas, porque nada pasó.

El jueves pasé a Ciudad Anáhuac a visitar a mi Coronel Villalobos, al verme le dio mucho gusto y platicamos toda la mañana, hasta después de la comida. Le platiqué del General Ramos, que se había portado muy bien, también le platiqué del General Castro, que también se portó muy bien y que hizo muy gratos recuerdos de él. Le platiqué del oficio que yo había traído, y que esperábamos los resultados para el lunes. Él lamentaba no haberlo visto, pero como yo lo había leído muchas veces, lo había aprendido de memoria, y así se lo platiqué.

En la tarde me llevó en su carro a mi casa, y más se picaron los contrarios, porque me había llevado un Coronel de todos conocido. Viernes, sábado y domingo, me la pasé paseando y no me preguntaban nada.

El lunes vino el ingeniero Zuazua, y me dice.

- Mire Flores, usted sigue trabajando en su puesto, con el sueldo de cinco cuarenta y cinco diarios, y cuando vaya a la repartición de las tierras, le avisamos para que usted vaya a recibir la suya -

- Muy bien jefe, ya estaré al pendiente -

Cuando mis compañeros supieron esto, echaron más respingos que un potro Carrero, y lo reclamaron al ingeniero y les dijo.

- Esto es orden superior, del centro, si se creen con derecho hagan su reclamo en la Capital -

Pasaron los días y también los meses y nada de tierra. Un día le dije al ingeniero y me dice.

- ¿Qué no sabes lo que hay? -

- Pues no lo sé -

- Pues ahora para que reciba tierra, necesita entrar al partido rojo -

- ¿Y ese dónde salió? -

- Calles o sea de Garrido Canaval. Ya andan aquí los que van a repartir -

- Pues yo no soy ni Calles ni de Garrido, y si es así, no quiero tierra -

- Lo peor del caso, que al no entrar al partido, hasta la chamba le quitan. Ya relevaron a algunos chocadores, y usted como es velador, no le han llegado. Ahorita andan con los sobrestantes, y operadores y falta que hasta a nosotros nos tumbe la burra. ¿Y usted qué opina? Pues no sabemos qué vayamos hacer, pero si no le entra al partido rojo, se queda sin tierra, porque ellos van a repartir, y ya pronto. Le aviso para que se ponga listo -

- Pues yo no seré de ellos nunca, y menos de Garrido Canaval-

- Pues lo corren -

- No le hace que me corra, pero yo no soy rojo -

- Pues ni yo, pero ya veremos cómo salimos -

A los pocos días se hizo la repartición de tierras y yo no alcancé, porque no era del partido. En esos días me cambiaron a la planta de Salinillas y me encontré a un checador, y me dice:

- Don Manuel, ¿No ha entrado al partido rojo? -

- Yo no soy rojo -

- Pues lo tumban -

- No le hace que me tumben -

- Pues anda la quema muy dura, al Tito ya le cayeron y anda muy enojado y lo peor del caso es que tiene que enseñarles al relevo los correderos, y hasta le anda sirviendo de chofer, al nuevo checador.

- Pues yo para mis pulgas ya le hubiera aventado la chamba y que le enseñe su madre a ese rojo desgraciado -

- Oye, si yo también soy rojo -

- Pero yo hablo de ellos y no de usted. ¿Y tú por qué le entraste? -

- Porque tengo necesidad de trabajar, no porque sepa de qué se trata. Fíjate que hasta al gerente le anda cayendo tierra. También los más grandes caen. Ya ves lo que le pasó a Obregón.

Hablé hasta que descansé y me despedí del checador, que era una viejo amigo muy buena gente con todos los trabajadores.

Pasaron los días y ya nos andaba llegando la lumbre muy cerca, cuando de repente, no sé qué disgusto tuvo con Calles el Presidente Lázaro Cárdenas. Calles le dio 72 horas para que entregara el poder... entonces el Presidente Cárdenas se puso sus moños y le contestó al jefe máximo , que él le daba 24 horas para que saliera del país y le puso un avión para que saliera cuanto antes, sin excusa ni pretexto, y bien vigilado.

Nomás supieron los mentados rojos y desaparecieron como por encanto, y hasta las camionetas se llevaron de la comisión, y se acabó el jefe máximo.

Ya los que no quisieron ser rojos quedaron tranquilos, y los que fueron por conveniencia, quedaron chatos y avergonzados, que ya jamás volvieron a tratar más de ellos.

Seguimos trabajando muy tranquilos, y a los pocos meses me dice el Coronel Villalobos.

- Mira Manuel, tú tienes muy buenos servicios y no es justo que estés así, se rumora que viene el Presidente a Monterrey, y quiero que lo veas -

- Mire mi Coronel, mientras estos bandidos que traicionaron a Carranza estén arriba no quiero pedirles ni madre -

- Estás loco, ya lo que pasó voló, y ahora lo que debemos buscar es mejorarnos, que por eso peleamos, bueno que acabo esto está en veremos. Ya estaremos hablando, yo estaré al pendiente y cuando sepa que día llega a Monterrey voy a ir por ti, para que nos vayamos un día antes, yo te diré lo que le digas y pidas -

Como a los cinco días llega el Coronel a mi casa, y me dice.

- Vámonos, mañana llega el Presidente a Monterrey y hay que salir hoy mismo -

- ¿Pero cómo y el permiso para mí? -

- Yo te lo pido ahorita de pasada -

- ¿Y los gastos? -

- Yo los pago, por eso no tengas pendiente -

Pues como a la media hora salimos y llegamos a la gerencia. Habló él con el Ingeniero y le dijo: "Que tome el tiempo que necesite y se presente cuando usted pueda"

Salimos esa misma tarde, llegamos a Monterrey en la noche, nos hospedamos en el mejor hotel y a dormir. Muy temprano nos trasladamos a la Estación y ahí supimos que llegaba ese día, pero que no tenía hora fija para llegar. Todo el día estuvimos pendientes y no llegó. En la noche llegó sin darse cuenta nadie, y se paró el tren presidencial frente al campo militar.

El Coronel se dio cuenta, y muy temprano nos pasamos hasta allá. Todo el tren estaba cerrado, y nomás una guardia en el carro del Presidente. Ahí nos paramos para observar qué maniobras hacían, en eso sale un General y se quedó mirándonos, luego se bajó del tren y pasó muy cerca de nosotros. Al rato se devolvió, saludo al Coronel y luego me dice a mí.

- ¿Que no eres tú, Manuel? -

- Sí mi General -

- ¿Y por qué no me hablas, que no me conoces? -

- Sí lo conozco, es usted Venecio López Padilla, pero usted ya es General y yo soy un pobre desgraciado -

Entonces el Coronel tomó la palabra y le dijo:

- Sí mi General, fájese que este Manuel, tiene muy buenos servicios, y ahora está trabajando de velador y lo traigo para ver si puede hablar con el Presidente -

- Sí cómo no, de eso yo me encargo, nomás que vamos a movernos para la Estación, pero nos siguen y en la primera oportunidad yo les hablo -

Así lo hicimos, nos pasamos a la Estación, pero como ya se habían dado cuenta que llegaba el Presidente estaba la Estación repleta de gente, y no nos pudimos arrimar bien, pero Venecio nos buscaba, y luego que nos vio, nos hizo la seña de que lo siguiéramos.

En la Estación lo recibió el Gobernador y Almazán, jefe de la zona y se fueron al palacio, y nosotros tras de ellos a una vista. Luego salieron de ahí y nos hizo la seña el General que lo siguiéramos, y se fueron al campo militar, y nosotros tras ellos a una vista. Y luego se fueron a lonchar. Salieron ya oscureciendo y se dirigieron al teatro que ya estaba preparado para el baile.

Ahí tenían un lugar preparado para el Presidente y toda su comitiva. El General Venecio andaba muy listo, y nos buscaba con la vista, y nomás nos localizó, llamó al Coronel y le dijo - Tráete al Teniente Coronel para que hable con el Presidente -

Vino y me llevó con Venecio y me dice:

- Ya hablé con el Presidente para que hables con él, y no se te vaya olvidar lo que te dije -

Me arrimé con él y un señor que estaba sentado junto a él me dio el asiento. Le saludé de mano y le dije:

- Señor Presidente, yo soy un viejo revolucionario que presté mis servicios a la Patria -

- Ya tengo antecedentes suyos, ¿Qué desea? -

- No le vengo a pedir nada, únicamente educación para dos de mis hijos que tengo y trabajo para sostener al resto de mi familia -

- Muy bien, me hace un memorándum, y me lo lleva mañana a mi carro, y espera el resultado en su casa -

- Muchas gracias, señor Presidente y con su permiso -

Luego me junté con mi Coronel y nos fuimos a dormir. En el camino me preguntó que le había pedido y medio se disgustó porque no había pedido nada. Al otro día hicimos el memorándum y lo llevamos.

Luego me dice el Coronel, yo me voy a quedar en Sabinas, Hidalgo otro día más, si te quieres ir en el tren, allá nos veremos otro día. Y le dije, voy a ver si puedo despedirme del General Venecio, y mañana me voy.

Anduve toda la tarde y no lo pude localizar. Al otro día me vine para Ciudad Anáhuac, al llegar a esa plaza me di cuenta que había caído un chubasco, y que en el cuartel se habían muerto algunos soldados, y las calles estaban llenas de alambres por todos rumbos, y que no había comunicación para Salinillas, a donde estaba mi familia.

Como pude me trasladé a dicho punto, y me encontré con que mi familia no había tenido novedad alguna, como no tuve oportunidad de volver a hablar con Venecio le puse una carta a Tampico, para platicarle lo que había hablado con el

Presidente, y al mismo tiempo recomendarle las becas de mis hijos.

No tardaron mucho en venir. Había que llevarlos a San Luis Potosí, a la escuela Hijos del Ejército. Por conducto del General Venecio, solicité los pases para ellos y me los mandaron.

Al otro día salí para San Luis Potosí con mis hijos. Esto fue un trance muy duro para mí, dejar internados a mis hijos Melesio y Pablito. El primer año se me hizo muy largo para volverlos a ver, cada mes y con sacrificio, les mandaba cincuenta pesos para sus gastos, pero les escribía cada rato, y no estando conforme le escribía también al Director recomendándolos.

Llegaron las primeras vacaciones, y volando me fui a traerlos. Se me hacía muy poco el tiempo que los iba a tener conmigo. Le escribí al director, que me diera unos días más para presentarlos, y me contestó, que no se podía porque tenían que pasar revista de administración.

Con dolor de mi corazón tuve que llevarlos. Yo me seguí comunicando con el General Venecio. Y para las segundas vacaciones ya estaba el General en México, como jefe de la guarnición y me invitaba a que fuera a verlo. Yo le contesté que tan luego como regresara con mis hijos a la escuela, me pasaría a saludarlo.

Yo estaba encaprichado que mientras estuvieran en el poder los que traicionaron a Carranza, no pedir para mí nada. Llegó el día en que viniera a dejar a mis hijos a la escuela; Los dejé en San Luis, y yo me pasé a México para saludar a mi amigo Venecio.

Y me dice - ¿Quieres reingresar al ejército? No, mira, estaría bueno que veas a Don Maximino, que lo que él diga es como si lo dijera el Presidente -

Yo para no contradecirle le dije que lo iba a ver. Yo tenía que ver a un compadre que le había dejado unas cosas cuando vine del norte. Este compadre era Encarnación Treviño y le platiqué lo que me había propuesto el General y me dice:

- Es muy cierto, lo que hace Don Maximino, como si lo hiciera Don Manuel, y mañana vamos, porque yo también tengo algo con él -

Seguimos platicando otras cosas hasta como las diez de la noche, y luego nos acostamos. Al otro día como a las nueve ya estábamos en Palacio, luego que llega el Gobernador, se anunció mi compadre, que según me pareció la llevaba muy bien con él, porque luego lo recibió, y yo también pasé a saludarlo.

Se saludaron muy cariñosos, y le dijo:

- Aquí le presento a mi compadre que lo manda Venecio a ver qué hace con él -

Le enseñé mis papeles, y le gustaron mucho y dijo "Están mejor que los míos" y estuvieron poniendo en orden entre él y el secretario, y me dicen.

- Están muy buenos, pero usted tiene que traerme un certificado en donde conste que no anduvo con Don Adolfo de la Huerta -

- Pero sí anduve en la punta del agua -

- No le hace que haya andado, usted verá a Don Cesario o Villarreal, que le dé el certificado, y lo demás corre por mi cuenta. Vaya a verlos a cualquiera de los dos y lo espero -

Me daba veinte pesos, pero mi compadre no quiso.

- No mi General, yo le doy para que vaya y vuelva. Ahí está en mi casa mi compadre -

- Bien, váyase hoy mismo, luego que vengas me lo traes -

- Muy bien y con permiso -

De ahí salimos a los autobuses, y me dio mi compadre cuarenta pesos. Esa misma noche estaba en México. Al otro día me pasé a ver al General Villarreal, le platiqué el asunto y me dijo.

- ¿Para qué andas viendo a tales por cuáles? Aquí no está tu jefe, yo te arreglo, no andes viendo acá-

Y echó una grandota, y le habló a su secretario y le dijo, haz una solicitud a Manuel, y que la firme y te puedes ir, porque esto tarda un poco. Yo no le hice aprecio, porque ni yo quería nada de ellos, hasta que no entrara un Presidente Civil, que no estuviera manchado con la traición a Don Venustiano.

Por esa razón no hice por ver al General Castro. Me despedí de mi amigo Ernesto y me dirigí a la Estación para regresar a mi casa, y ya no volví a tocar ese punto. Y como estaba comprometido a regresar a Puebla, le escribí a mi compadre, que me disculpara con el Gobernador, diciéndole que por asuntos de familia, y falto de fondos, había tenido la necesidad de regresar a casa.

Seguí luchando por la manutención de mi familia, y el sostenimiento de los dos hijos que tenía en San Luis, internados en la escuela. Un día vinieron de vacaciones, ya no regresó uno de ellos. Yo lo quise regresar pero se opuso la madre, diciendo que si lo mandaba a la fuerza, se podía ir para otra parte, y me quedaba nomás uno.

A los cuantos meses me escribió el Director diciéndome que Pablito se había venido a Monterrey con un batallón que había salido para esa plaza. Salí inmediatamente a localizarlo, lo encontré y me lo llevé a la casa.

Como al desertarse y no queriendo ya regresar a la escuela, estaban perdidas las becas. Me propuse hacerles una lancha para que trabajaran con los turistas que seguido iban a pescar en dicha Laguna de Salinillas.

Estaban muy bien trabajando con su lancha, a la cual le pusieron "La Mexicana",cuando llegaron unos familiares de Comales o sea la Presa Marte R. Gómez y los alborotaron a dicho lugar.

Yo por hacerles su gusto, les dije que fueran a trabajar a dicho punto. Al mes y días me pidieron una cocinera y les mandé a la abuelita. A los cuantos meses también su mamá quiso estar con ellos, y también se la llevé y me quedé solo, con uno de mis hijos.

Esta separación nos duró poco más de un año. Como uno de mis hijos era canalero y necesitaba caballo, le mandé dos, y también les ayudaba con dinero, cada vez que lo necesitaban.

Luego les traje un exprés, con tres dos caballos. En eso se enfermó uno de mis hijos y le mandé con qué se curara, luego otro de mis hijos, quería una máquina de zapatería, y también le mandé con qué la comprara.

Viendo que ni mis hijos, ni su mamá eran capaces de dirigir un hogar, busqué la manera de reunirme con ellos. Como en mi trabajo no me podían correr porque estaba recomendado por el Gobierno, tocó la suerte que hubo un conflicto con el sindicato y la empresa, y ahí me acomodé, para que me dieran mi retiro.

Como yo tenía dieciocho años de estar prestando mis servicios en dicha empresa, me tocó de compensación, dos mil quinientos pesos. Ya una vez liquidado, me vine con mi familia, con la intención de comprarles un solar, hacerles una casita para que no pagaran renta, y esperar que Dios se acordara de mí, con la satisfacción de haberles dejado a mis hijos un hogar formado.

Esa era mi idea, y para llevarla adelante lo más pronto posible, llegué con ellos. Lo primero que hice fue vestirlos de pies a cabeza, luego me pasé a San Miguel de las Cuevas a comprar un solar, y me puse a fincar.

Ya teniendo nuestra casa, se nos hizo muy chica y compré otro solar, dando el primero de enganche y doscientos pesos a la mano por el nuevo, más grande y en mejor posición. Ahí finque otra casita más grande, con madera nueva y en una esquina, que yo pensaba que con el tiempo tendría más valor que el primero.

A mi mujer se le hacía poco lo que yo había hecho, y me dijo un día, que yo estaba robando el dinero de mis hijos y le pasé la administración a ella para que hiciera con el trabajo de sus hijos lo que mejor le pareciera.

Yo me puse a comerciar con sodas, frutas y otras cosas, como ambulante a las parcelas en un exprés que tenía. Viendo que era muy duro para mí, me establecí en el pueblo con un puesto, poniéndole por nombre a mi negocio "El Campesino".

Mi familia se cambió para Río Bravo con mis hijos y me dejaron solo. Yo seguí luchando para bien de ellos mismos, hasta lograr hacerme de otro solar en la orilla de la carretera.

Ahí cambié mi casita que tenía anteriormente, haciéndola más grande. Seguí luchando, y teniendo el Gobierno una deuda conmigo por concepto de bonos, que dicha liquidación la tengo en mi poder, la cedí por una parcelita.

Dicha parcela me costó mucho trabajo y dinero que todo salió de mi puestecito. Al tomar posesión de ella, puse a Don Antonio Maldonado, con el treinta por ciento de las utilidades y que la trabajara.

Ese mal amigo levantó la cosecha, la vendió y se fue para San Luis Potosí, dejándome a mí con las puras trácalas encima.

Ese mal hombre, me dio una desnivelada en mi negocio brutal y para salir de mis compromisos necesitaba vender la parcela. Hubo quien me la comprara y la vendí.

Salí de mis compromisos y me quedé con una camioneta Chevrolet, buena para trabajar, y para disminuir los gastos, pensé cambiar mi puesto a mi casa, para quitarme la renta que estaba pagando mensualmente.

Sabía que al cambiarme disminuían las ventas, pero con la camioneta que salía todos los días a vender me emparejaba y además con la misma camioneta, tenía carbón y leña para vender a como quisieran los clientes. Porque teníamos mucho carbón y mucha leña.

Y mi José saliendo todos los días a comerciar a las parcelas. Un día vino mi hijo Melesio con el fin de quitarme la camioneta para trabajar allá y con la misma sacábamos otra. Yo no lo acepté porque sabía que con la camioneta en sus manos pronto terminaba.

Y luego se fue como vino. Volvió a venir con la misma intención, diciéndome que ya tenía trabajo para ella y que pronto tendríamos otra. Yo le dije, se va a perder todo y salta mi suegra diciéndome que si se perdía al cabo que nada tenía, y me dio mucho coraje, y les dije, ahí está, pero si algo pasa, usted tiene la culpa.

Yo desesperado me propuse salir a México, para ver que podía arreglar allá. Mi asunto estaba muy atrasado y caminaba muy despacio, mientras tanto en mi casa, ya estaban sintiendo la falta que le hacía este viejo. En la casa no había orden, no había respeto, cada quien estiraba por su lado.

Melesio por un lado dándose gusto; Manuel por el otro lado, también dándose gusto. En la casa acabaron con el changarro, con el carbón y la leña, que como faltaba la cabeza principal, no había quien acarreara todo lo que les faltaba. Los chiquitos ¿Qué podían hacer? Más que acordarse de su padre que tanta falta les estaba haciendo.

Luego por la maldita camioneta se pelearon Melesio y Manuel, pero como Manuel era Gerente de un Banco, corrieron a Melesio teniendo él la razón en todo y por todo, pero su madre convenciera le dio la razón al menor, en vez de dársela al mayor.

Vino el castigo de Dios y empezaron las enfermedades. Primero´Lolita, que lo único que sentía, no volver a ver a su padre; Vino la enfermedad de José y entonces vino el corrido, el que no quería que volviera a pararse en la casa.

Pero entonces el niño mimado los abandonó a su suerte, pero vino el que habían corrido y los levantó, dejando su casa que tanto trabajo le había costado a su padre en la más espantosa miseria y se vinieron a Río Bravo, a vivir arrimados pero a la sombra de aquél que tanto habían despreciado. ¿Cómo estaría su padre que sabía de todo esto? Sufriendo amargamente, y sin saber qué hacer.

Me escribió el licenciado del banco a que viniera a responder por los actos de mi hijo o de lo contrario lo traían. Yo les contesté y les puse fecha en que podía venir. Luego me dediqué a buscar al perdido que andaba por Angangueo, Michoacán, para que me pusiera al tanto de cómo estaban las cosas.

Me regresé dejándole más o menos bien, pero como se acercaba la fecha en que tenía que estar en ésta, me vine resuelto, a borrar en parte la mancha que este mal hijo nos había echado a todos los Flores, pero faltaba la opinión de los demás hermanos.

Como ellos quedaron de acuerdo que lo que yo hiciera, hecho se quedaba, me propuse en quedar en la calle pero limpio de toda mancha. ¿A quién debemos todo esto? No digo a quien porque ustedes lo saben muy bien; Juzguen como mejor les parezca.

Habiendo dejado arreglado este problema, me regresé a México a seguir luchando para recuperar lo perdido, y hasta la fecha sigo luchando para ver qué les dejo a mis queridos hijos antes de que me muera, pero si no logro triunfar… ¡Dios que los bendiga!

Coronel Manuel Flores Solís